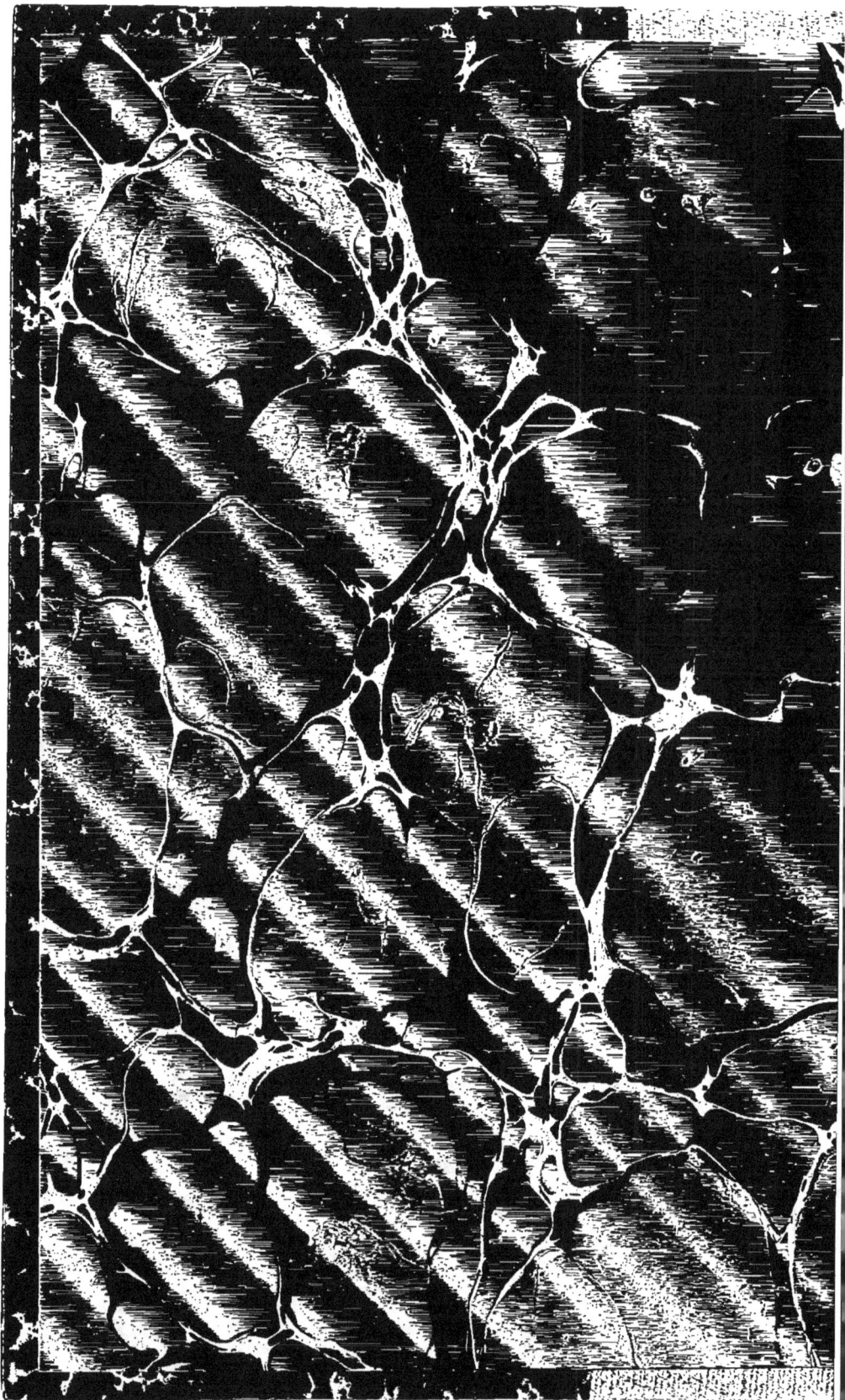

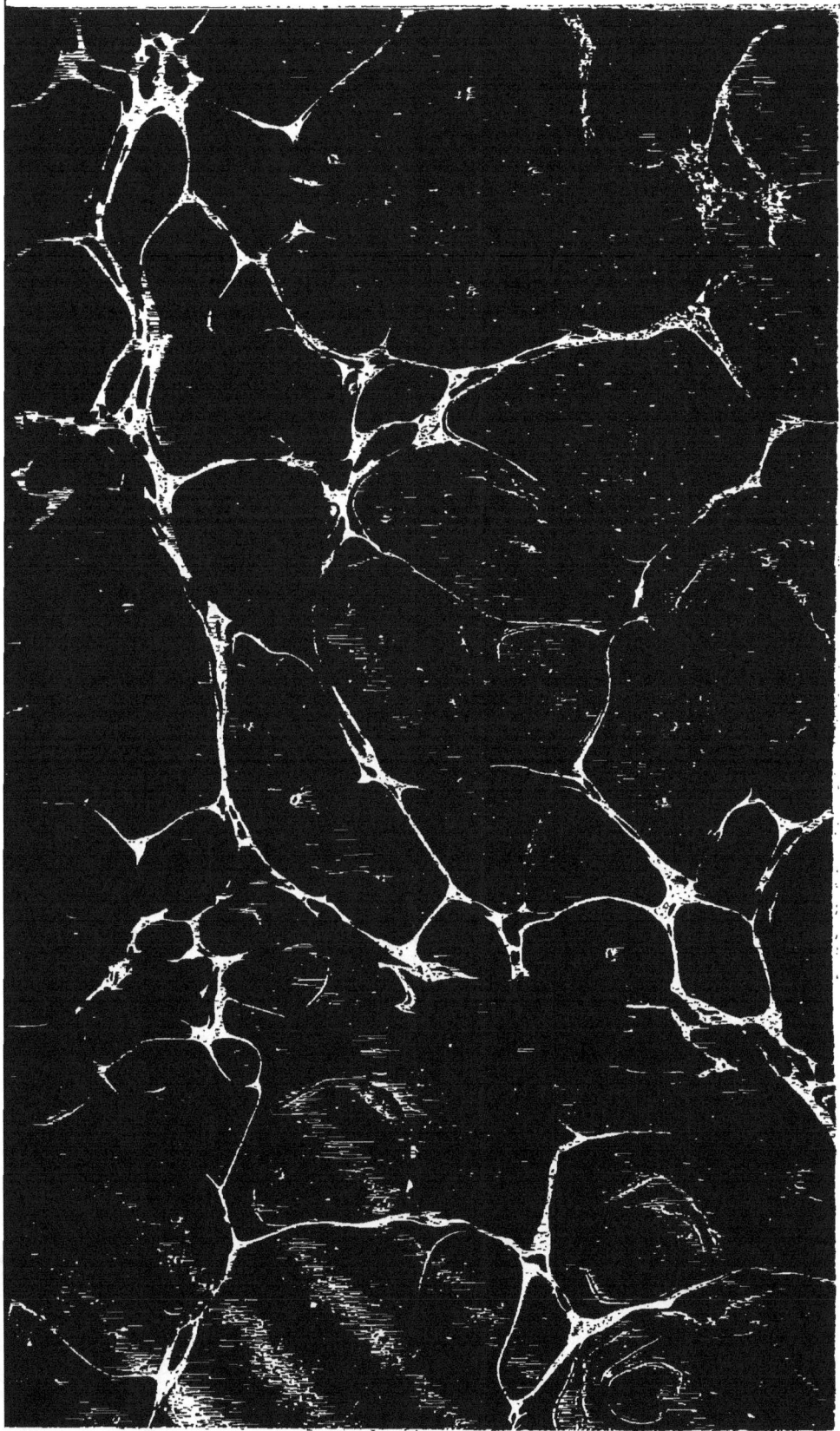

MAGDELAINE

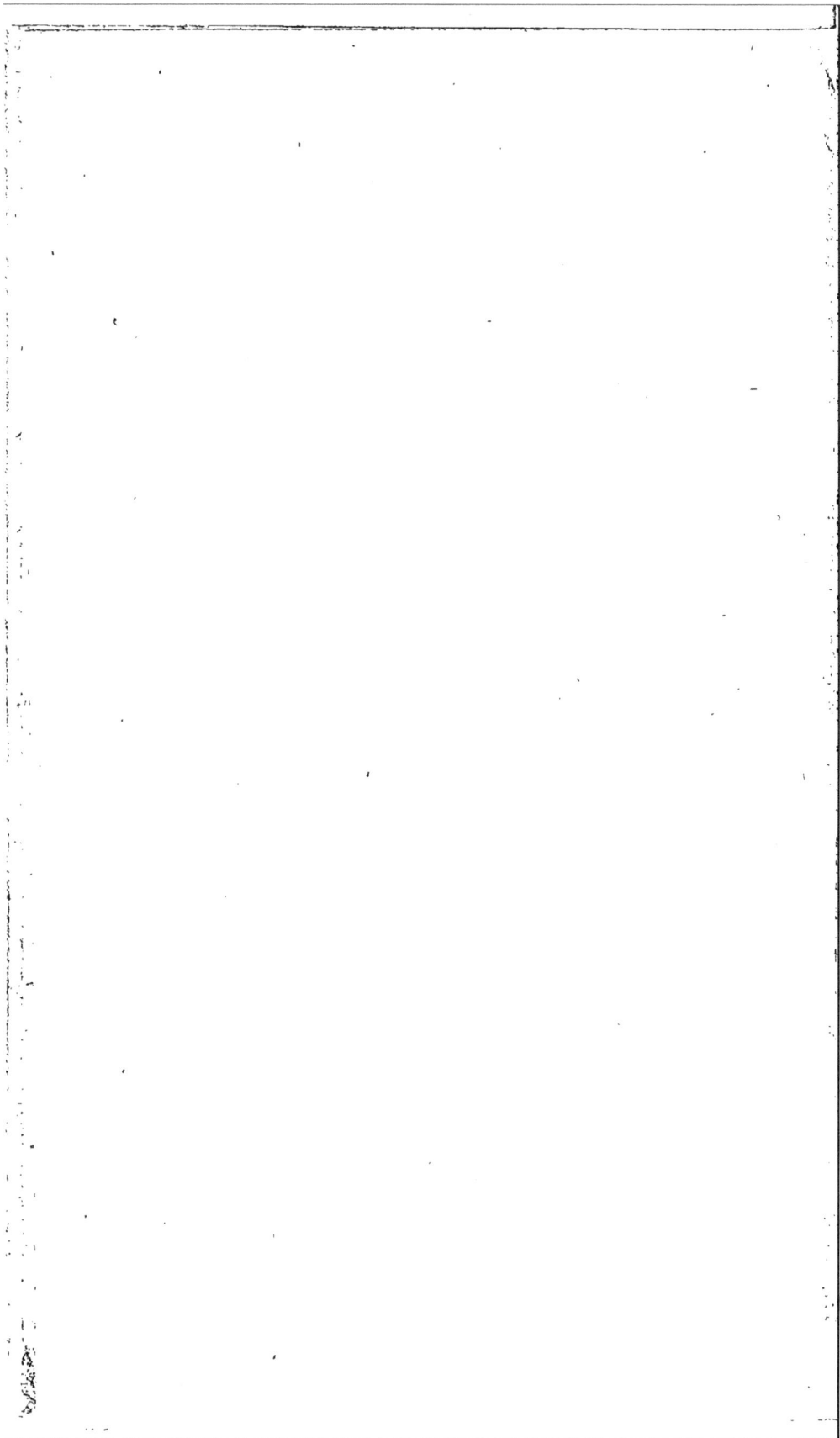

ÉTAPES DU 71ᵉ MOBILE

IMPRESSIONS ET SOUVENIRS

LIMOGES

IMPRIMERIE DE Mme Ve H. DUCOURTIEUX,

5, RUE DES ARÈNES, 5.

MOBILE DU 71ᵉ.

ÉTAPES
DU 71ᵉ MOBILE

IMPRESSIONS & SOUVENIRS

PAR

CHARLES BLANCHAUD

Ex-Lieutenant,
Ex-Capitaine au Régiment.

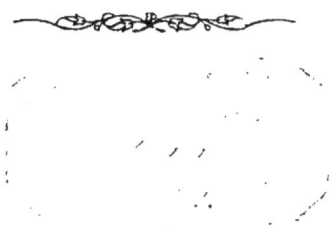

—⟡—

LIMOGES

IMPRIMERIE DE Mme Vc DUCOURTIEUX

5, RUE DES ARÈNES, 5

———

M DCCC LXXII

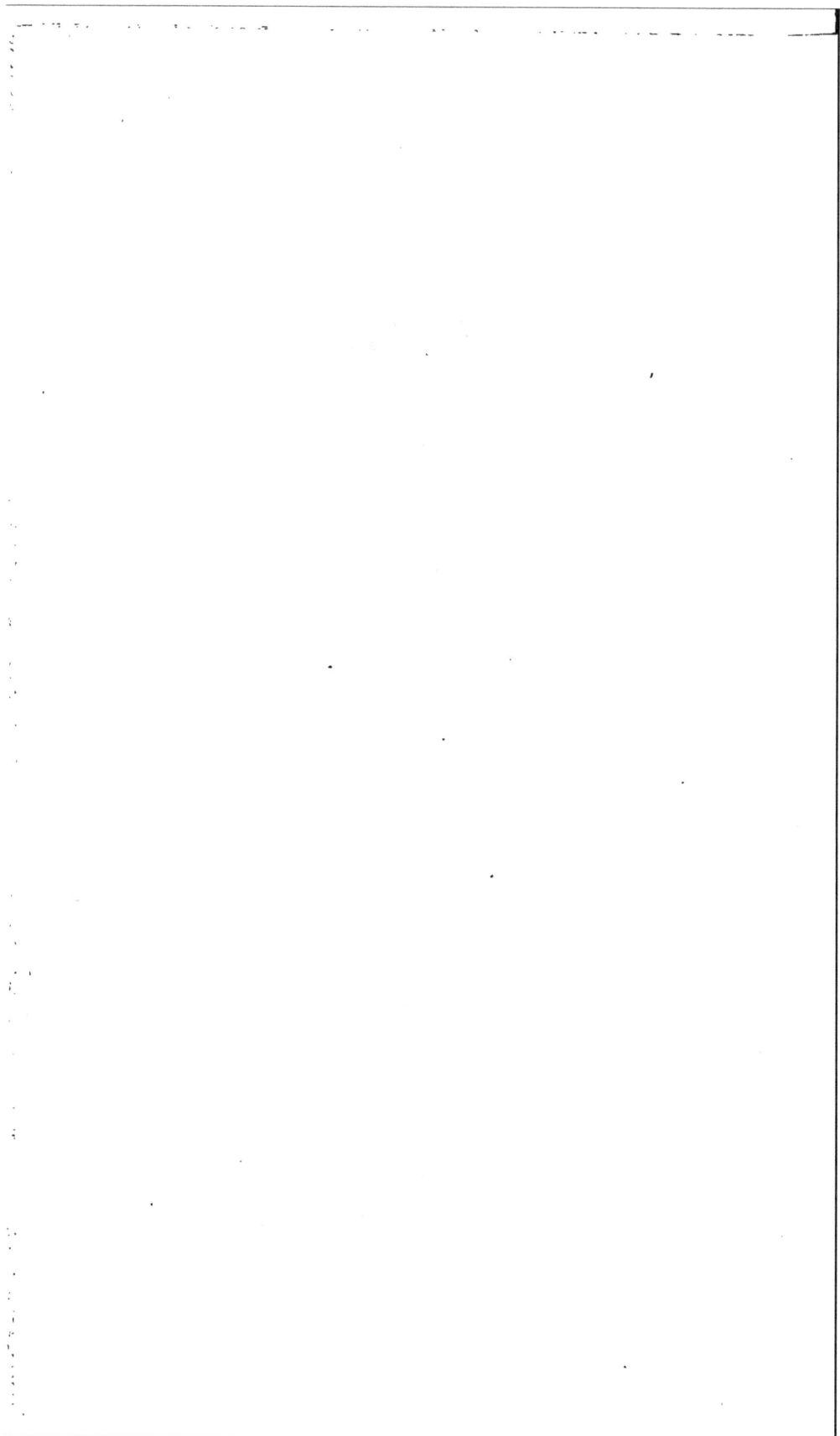

A MONSIEUR PINELLI,

Chef de bataillon en retraite,
Ex-lieutenant colonel du 71ᵉ régiment provisoire de la garde mobile,
Commandeur de la Légion d'honneur.

MON COLONEL,

En vous dédiant ce livre, je n'ai pas voulu, seulement, faire de votre nom la sauvegarde et le viatique d'un voyageur aventureux, parti pour des régions inconnues.

J'ai subi plus encore, peut-être, l'influence d'une respectueuse sympathie, que celle du sentiment bien naturel des convenances.

D'ailleurs, je n'avais garde de manquer une aussi bonne occasion de dénoncer ainsi, outre la bienveillance particulière dont vous m'avez honoré, la touchante et efficace sollicitude dont je vous ai vu entourer, jusqu'à la dernière heure, tous les membres de cette grande famille qui fut véritablement la vôtre, et s'appela le 71ᵉ mobile.

CHARLES BLANCHAUD.

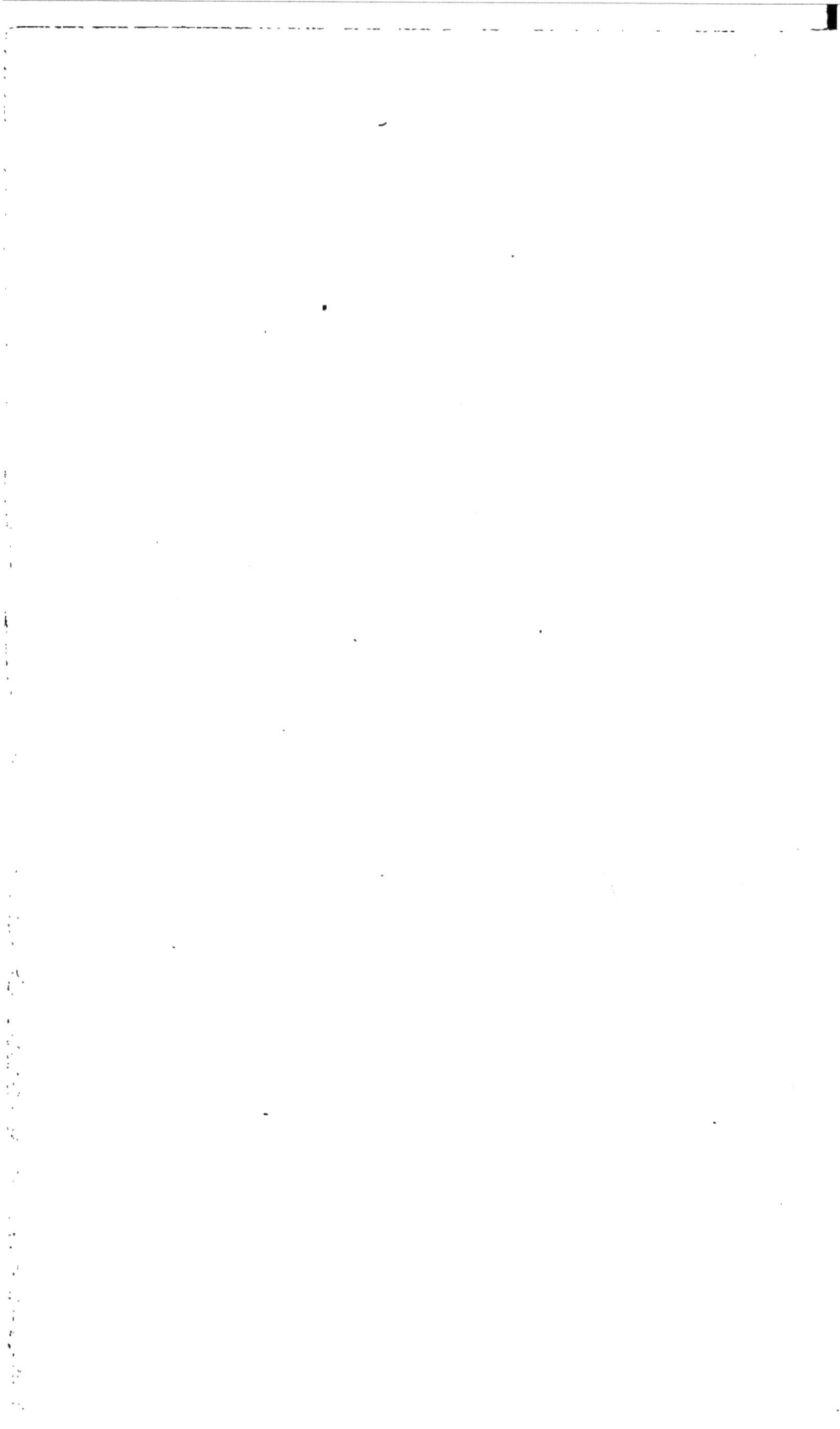

PRÉFACE

Tout, ou presque tout, a été dit sur les événements de cette campagne, dont la cruelle issue laisse dans nos cœurs un désespoir auquel une revanche glorieuse pourrait seule enlever un peu de son amertume.

Tout a été commenté, raconté, expliqué, et Dieu sait combien de merveilleuses et infaillibles combinaisons stratégiques sont depuis écloses, entre une choppe et un petit verre, sous le crâne de fortes têtes d'où elles sortent, toutes grandes et armées, comme jadis Minerve du cerveau de Jupiter.

Les généraux se sont vu pousser sous la toise. On a peut-être trop grandi les uns, on a certainement rabaissé les autres outre mesure. On a plus rabaissé que grandi; car, hélas! les hommes sont plus enclins au dénigrement qu'à la louange :

Si on accuse la perte de beaucoup d'illusions sur le compte de l'armée, on n'a point l'air d'en conserver sur la valeur des soldats citoyens; et en ce qui touche la mobile, on l'a traitée de façon à lui faire découvrir une nouvelle interprétation bien

inattendue du célèbre : *Vœ victis!* Ceci n'est point
mon affaire. Jeté brusquement, comme tant d'autres,
au travers d'événements si imprévus et si terrribles ;
j'ai pu, tout en prenant ma modeste part de l'action,
garder assez de liberté d'esprit pour recueillir quelques souvenirs qui, à ce qu'on m'assure, ne sont pas
absolument dépourvus d'intérêt. Je veux, publiant
ces souvenirs, donner à mes camarades un témoignage d'une pensée fidèle et perpétuer, autant qu'il
est en moi, la mémoire du dévouement patriotique
qui nous avait tous unis dans l'accomplissement
d'un commun devoir.

Le soldat de bonne volonté fait place à un écrivain
de hasard ; assurément l'un vaut l'autre, mais
qu'importe, pourvu que nous atteignions le but avec
une même bonne foi, une même droiture d'inten-
tions ferme et persistante, à qui fait ce qu'il peut et
donne ce qu'il a, que pourrait-on demander encore ?

Au reste, je ne me dissimule pas que ce livre
n'aura presque aucune signification pour ceux qui
n'ont pas senti battre leur cœur sous la blouse
du mobile. Il faut, pour en comprendre le sens et
en apercevoir la raison d'être, avoir dressé sa tente
sur les sables arides de la Sologne, sur les sillons
boueux des Barres, et dans les plaines glacées de
Sougy. Il faut avoir navigué de conserve, dans cette
odyssée de Château-Renault à Laval, et pouvoir
enrichir et éclairer ces pages incolores de ses impressions personnelles, de ses plus intimes émotions. Ceux qui verront dans ce cadre la toile s'ani-

mer tout à coup et, dans un coin du tableau, se détacher pour eux seuls un épisode douloureux ou riant; ceux qui sauront entrevoir, dans une lointaine perspective, à la limite incertaine d'un horizon indécis, une vague image dans laquelle ils se reconnaîtront et diront : « c'était là.... c'est ici..... » ceux là m'auront donné le seul succès que j'envie.

Mais on comprendra que je me sois gardé, pardessus tout, de me risquer dans l'appréciation, au moins audacieuse et hasardée, des opérations militaires, dont la portée et les secrets ne pouvaient être pénétrés par un simple officier de mobiles; et nul ne s'étonnera de m'entendre raconter ce long *voyage*, plutôt en touriste qu'en soldat. Et maintenant, Madame, et vous, honnête lecteur, qui de vos vœux seuls avez suivi cette jeune et ardente phalange, dont je demeure si heureux et si fier d'avoir fait partie, ne soyez pas surpris si j'ai laissé parfois courir la plume au gré de la fantaisie, et si j'ai livré aux folles brises ma pensée, pareille à ce duvet errant que les enfants accompagnent du souffle, ou à cette graine légère qui va, vient, monte, retombe, remonte et s'envole au caprice de l'air sur sa cotonneuse enveloppe.

J'emprunterai, pour répondre à ceux auxquels paraîtrait mal s'allier, avec le récit des faits de guerre, les digressions où je me suis souvent laissé entraîner, ces paroles d'un homme qui fut un laborieux soldat, en même temps qu'un vaillant conteur, Paul de Molènes, qui vint mourir si tristement à Limoges même, il y a quelques années, des suites d'une chute de cheval :

« Je crois qu'on peut s'abandonner consciencieu-
» sement, en tout temps, en tout lieu aux jouissances
» que veulent bien nous donner soit les génies im-
» périeux de l'inspiration, soit les douces fées de
» la mémoire. L'action ne s'indigne pas de ces
» plaisirs qui ne la rendent ni moins obéie, ni
» moins aimée de ceux dont elle dirige la vie. »

Et plus loin :

« Un autre dira un jour, je l'espère, et dira mieux
» que moi, qu'elle union la vie pratique et une
» autre vie peuvent contracter dans une existence
» militaire. »

En d'autres termes, un *soldat* a le droit d'être autre chose qu'un *sabre*.

PREMIÈRE PARTIE

INTRODUCTION

On se rappelle quelle hâte fiévreuse présida
à la formation du régiment de la Haute-Vienne.
Les événements commandaient impérieusement.
L'héroïque Mac-Mahon, ralliant les glorieux
débris de Wissembourg et de Reichshoffen, qui
venaient de démontrer victorieusement que le
soldat Français sera toujours le premier soldat
du monde, se repliait sur Châlons d'où une
volonté entêtée et aveugle de l'empereur, devait
le précipiter vers cette immense catastrophe de
Sedan, unique dans les annales de nos désastres.

Je n'ai point à apprécier ici ; je ne veux absou-
dre ni condamner, laissant parler les faits avec

toute leur brutalité. Mais je ne puis m'empêcher
de constater que Napoléon III ne sut, ou ne
voulut choisir entre les deux seuls partis honorables qu'il lui restait à prendre : abandonner
absolument le commandement de l'armée, ou
se faire tuer à sa tête, essayant de la soulever
s'il était possible encore par le prestige de sa
présence et de son nom, et du moins lui prou-
vant, ce que n'a fait aucun prince de sa famille,
que les Bonaparte savent mourir.

L'historien de César aurait dû se souvenir
que les gladiateurs antiques s'étudiaient à tomber avec grâce dans le cirque, aux applaudis-
sements du peuple roi. S'il eût cherché de plus
nobles exemples dans les traditions de la mo-
narchie française, il eût pu voir Jean, à Poitiers,
ne rendant aux Anglais son épée qu'après l'a-
voir rougie de leur sang ; et François, qui com-
battit tout un jour à Pavie comme le dernier de
ses reîtres, gardant le droit d'annoncer sa défaite
par cet immortel cri de fierté indomptable et de
désespoir, jeté comme un dernier et sublime

défi à la face de l'ennemi : « Tout est perdu, fors l'honneur ! » On dit que cet illustre captif, sous le poids des angoisses dont fut remplie sa prison espagnole, médita, lui aussi, une abdication :

« François Ier ne sera plus roi, disait-il, c'est un simple chevalier, qu'on torturera en vain, dont la main ne signera pas de traité, et qui, du fond de son cachot, peut s'écrier encore : « Que Dieu sauve la France ! »

Je doute que les pensées de l'ex-empereur habitassent une si haute sphère. Le positivisme du siècle, pour ne rien dire de plus, rabaisse aujourd'hui les hommes, quelle que soit la grandeur de leur situation, au niveau honteusement égalitaire des préoccupations égoïstes, sous lesquelles s'agitent princes et sujets ; les uns veulent asseoir leur fortune, les autres fonder une dynastie.

Cependant, le général Montauban, comte de Palikao, devenu ministre de la guerre, en appelait aux dernières ressources, équipant, ar-

1.

mant, organisant sans relâche, avec une précipitation aussi funeste qu'inévitable, régiments
de marche, régiments de mobile, qu'on dirigeait
aussitôt, ainsi improvisés, vers le théâtre de
l'action ; et déjà posait les premiers fondements
de cette vivante muraille qui, un instant, arrêta
l'invasion sur la Loire, et la dernière, brisée
mais debout, se dressait encore sous la main
ferme et infatigable du général Chanzy, lorsque
trop tard, ou trop tôt, intervinrent l'armistice
et, subséquemment, les préliminaires de la paix
que nous subissons.

En ces circonstances, on avait dû de toutes
parts procéder très sommairement, et quarante-
huit heures à peine furent concédées à M. Pinelli,
alors commandant du 1ᵉʳ bataillon, pour la
composition des cadres : officiers et sous-officiers.
M. Duval, alors capitaine, bientôt placé à la
tête du 2ᵉ bataillon, qui n'a pas seul gardé son
souvenir, ne fut pas moins pressé. Je n'entrerai
pas dans la question de savoir si le choix que
firent ces messieurs était indiscutable, n'ayant,

pour en juger, qualité ni compétence. D'ailleurs,
j'ai été de ces favorisés dont les droits à une
distinction ne reposaient que sur la persuasion
qu'ils avaient su inspirer de leur bon vouloir,
à défaut des connaissances spéciales. Bon vouloir qui, je crois pouvoir l'affirmer, s'est presque toujours élevé à la hauteur des obstacles.
Si une fois particulièrement il nous fut donné
de le démontrer par l'inflexibilité de l'attitude
et l'énergie de la résolution, le champ de bataille
de Lumeau peut nous fournir ce témoignage
que le devoir nous a trouvé prêts. Si donc j'in-
dique ici la diversité des éléments, ce n'est que
pour établir en regard leur fusion rapide dans
une loyale fraternité dont le point de départ fut
une estime réciproque et le résultat une mutuelle
confiance. Pour moi, j'ai conservé inaffaiblis les
sentiments d'affection et de reconnaissance que
m'inspira, dès le début, la gracieuseté de l'accueil que je rencontrai parmi nos camarades
plus autorisés, et l'affabilité qui ouvrit leurs
rangs pour me faire place.

Dès leur nomination les officiers entrèrent en fonctions, et on forma les compagnies, après les avoir soumises à une révision qui eut évidemment le tort de trop se laisser aller aux précipitations du moment, et dans laquelle on ne tint pas assez compte d'infirmités légères, sans doute, mais suffisantes pour rendre très pénibles les longues marches qu'il nous a fallu faire et les intempéries de l'hiver, si exceptionnellement rigoureux, que nous avons dû traverser. Plusieurs de ces compagnies, par un motif qui est demeuré pour nous une énigme, furent retenues dans leur pays, au grand détriment de leur instruction militaire et de la discipline sévère à laquelle il était urgent de ployer cette jeune troupe, qui se refusa longtemps à se rendre au sérieux de sa mission et se crut seulement appelée à jouer un rôle de fantaisie, fait tout exprès pour lui créer les loisirs parfois joyeux de la garnison. Volontiers, quelques-uns eussent chanté avec le lieutenant frisé de Scribe :

> Ah ! quel plaisir d'être soldat,
> On sert par sa vaillance
> Et son prince et l'État ;
> Et gaiement on s'élance
> De l'amour au combat !

Le roman, pour beaucoup, devait se terminer autrement que par un mariage.

A vrai dire, les journaux de l'époque semblaient se complaire à les entretenir dans cette séduisante erreur. Ils étaient pleins de sous-entendus et de réticences mystérieuses, dont le but paraissait être de faire supposer l'existence d'une armée présentant un effectif assez respectable encore. « Qui trompe-t-on ici ? » eût dit Bazile. A coup sûr, l'ennemi ne s'y laissa pas prendre ; et, on peut le dire, ça été un signe caractéristique, ce doit être le sujet de sérieuses réflexions, que presque toute la presse se fit alors l'organe du mensonge, ou se montra d'une crédulité dont la naïveté passe toute appréciation, quand on lui eût su si bon gré d'un silence auquel rien n'a pu la réduire, mais que la loi, éclairée par l'expérience, doit, à l'avenir, avoir la force de lui imposer. Je me refuse absolument à croire qu'on voulut ainsi essayer de ménager la transition, et nous amener, par une pente insensible, en face d'une situation autrement grave que celle qu'on nous laissait entrevoir. En tous cas, le caractère Français s'accomode mal de l'indéfini, il acceptera toujours plus facilement une révélation subite, un danger immédiat et précis, un brusque dénouement, qu'il ne supportera le poids de l'incertitude, sous l'influence de laquelle une imagination ardente aperçoit tour à tour les objets par le petit bout ou par le gros bout de la lorgnette. Montrez lui les événements nettement accusés, sans l'égarer dans les complications d'un problème embrouillé ; car, à tout autre, il préfère l'expédient dont s'avisa Alexandre pour dénouer le nœud gordien.

N'est-ce point à l'insurmontable que se heurta toujours avec le plus de violence cet irrésistible élan, qu'on a si bien nommé la furie française ?

Ceux que l'âge avait doté d'une certaine dose d'expérience s'appliquèrent à déchirer le voile qui couvrait l'avenir, et soufflèrent sur ces jeunes illusions, qui devaient d'ailleurs se dissiper si promptement aux premiers rayons de la vérité, laissant à nu l'horizon sombre et menaçant. Néanmoins, ce fut un combat dans lequel, je m'empresse de le reconnaître, leur autorité ne fut pas entamée, mais dont s'accrurent les difficultés incessamment surgissantes et inséparables d'une administration et d'un commandement auxquels la plupart étaient complétement étrangers. A ces embarras vinrent bientôt s'ajouter, sans relâche, les mille détails de l'habillement ridicule dont on nous affubla. Quand j'y songe, je ne puis m'empêcher de rire de ce bizarre et incommode accoutrement. Encore, si son seul défaut eût été de nous déguiser d'une façon grotesque, eût-on pu s'y résigner. Mais, affreux à l'œil, étouffant au soleil, laissant le froid pénétrer partout, il avait en outre l'inconvénient d'être plus perméable qu'une éponge et de se refuser à toute résistance au moindre frottement. La brosse, elle-même, ne devait l'aborder qu'avec des ménagements respectueux.

Ce parti pris de simplicité, par trop primitive, est encore mieux démontré par l'adjonction de cette gibecière en forme de besace et de musette ; autre invention à laquelle on se refuserait à croire, s'il n'était acquis qu'elle dut nous suffire pendant plus de deux mois. On recule devant l'énumération des objets hétéroclites, et bien surpris d'être rassemblés, que cet ingénieux réceptacle portatif dut contenir : linge, cirage, vivres de toute nature, graisse, pièces d'armurerie, chaussures, cartouches, etc. Véritable *olla podrida* dont chaque ingrédient perd sa couleur et sa forme dans un mélange indescriptible et sans nom.

Ainsi équipés, on nous arma de l'ancien fusil à percussion ; et le nombre de jours strictement nécessaire pour apprendre aux malhabiles à distinguer la crosse d'avec la baïonnette nous fut accordé. De manœuvres d'ensemble, dont l'utilité se révèle dès le premier pas sur un champ de bataille et nous a été surabondamment démontrée pendant cette campagne, il ne pouvait être question. Qui ne sait cependant avec quel désordre elles s'exécutent de prime-abord par les plus intelligents, ahuris de commandements inexplicables qui les surprennent, les troublent et finalement les laissent incapables de discerner la gauche de la droite, quand l'impatiente inexpérience des chefs vient s'ajouter à la maladresse des subordonnés.

J'en demanderai pardon à ceux qui seraient tenté de taxer ces infimes détails de puérils et de superflus; quelques jours de présence dans les rangs les auraient bientôt aussi profondément convaincus que je le suis moi-même de la vérité de cette assertion : qu'une troupe exercée, très inférieure en nombre et même en courage, n'a que fort peu à redouter de la plus furieuse attaque exécutée en désordre. Quelle que soit l'intrépidité de l'assaillant, son effort se brisera presque toujours devant cette régularité et cette précision, pour ainsi dire mathématique, de mouvements qui, peut-être, a valu à l'armée prussienne la moitié de ses succès.

Il n'était pas sans importance que l'on connaisse ces *causes*, au moins très probables, d'un *effet* qui fut jugé en son temps avec une sévérité excessive et une étonnante prévention. Elles suffiraient à expliquer, et à excuser au besoin, quelques hésitations, quelques défaillances individuelles, faussement imputées au grand nombre, contre la valeur et la fermeté duquel elles ne sauraient rien prouver, et qui sont impuissantes à ternir la réputation d'un régiment dont la situation, après les événements de la reprise d'Orléans, fut celle de presque toute l'armée.

Qu'on le comprenne bien, ceci n'est pas une justification. Je n'ai pas à défendre une cause dont notre brave colonel et notre digne aumônier se sont chargés, depuis longtemps déjà, avec un soin si jaloux. Mais si je m'abstiens

d'une apologie déplacée, j'avouerai, bien ingé-
nument, que j'ai gardé un peu de ressentiment
de certaines suppositions gratuitement outra-
geantes, dont une plus exacte information eût
tout d'abord fait justice.

Le 22 septembre 1870 nous reçûmes l'ordre
de départ. Le même jour s'embarquait le 2e bataillon ; tandis que le 1er, formé de plusieurs
détachements partis de points différents, se
dirigeait le lendemain, pour une notable partie, vers la gare de Droux-Bellac, d'où un
train spécial allait le conduire au chef-lieu du
département. Mères, amis, parents se pressaient
au barrières de toutes les stations intermédiaires,
nous renouvelant ainsi à chaque pas l'émouvant
spectacle des adieux qui, pour beaucoup, hélas !
devaient être les derniers. Rangés le long des
clôtures, ils nous suivaient d'un regard noyé de
pleurs, et de loin nous saluaient encore. Près
d'eux, ceux qui pouvaient rentrer dans leurs
demeures sans y trouver une place vide au
foyer du soir, attristés aussi, mais plus fer-

mes, se découvraient et criaient : *Vive la France !*

Ah ! les mères françaises ne sont pas spartia-
tes ! Mais combien plus touchantes et plus vraies,
plus mères en un mot, dans l'expansion de leur
inexprimable douleur qui se soumet au cruel
sacrifice sans du moins retenir orgueilleusement
ses larmes, que les autres qui présentaient le
bouclier à leurs fils la veille d'une bataille, en
leur adressant cette adjuration d'une sublimité
sauvage : « *Revenez avec ou dessus.* » C'est à dire,
vainqueurs ou morts.

Fut-il jamais plus sainte cause, fut-il plus
haute conquête que celles pour lesquelles fut
versé le sang du Christ ? Et cependant l'Écriture
nous montre Marie étreignant, dans la prostra-
tion du plus navrant désespoir, le pied de la
croix, où son divin fils expire ; et l'Église chante
encore cet hymne immortel du *Stabat,* pour
lequel Mozart a su trouver des accents si déchi-
rants.

Que l'homme s'arrache à ces bras palpitants
qui l'enserrent, c'est son devoir ; mais que la

mère pleure, c'est son droit. Car pour elle, avant
tout, ses enfants sont la patrie : la patrie ado-
rable et enchantée à laquelle elle est attachée par
toutes les fibres tressaillantes de son être, par les
plus purs élans de son cœur !

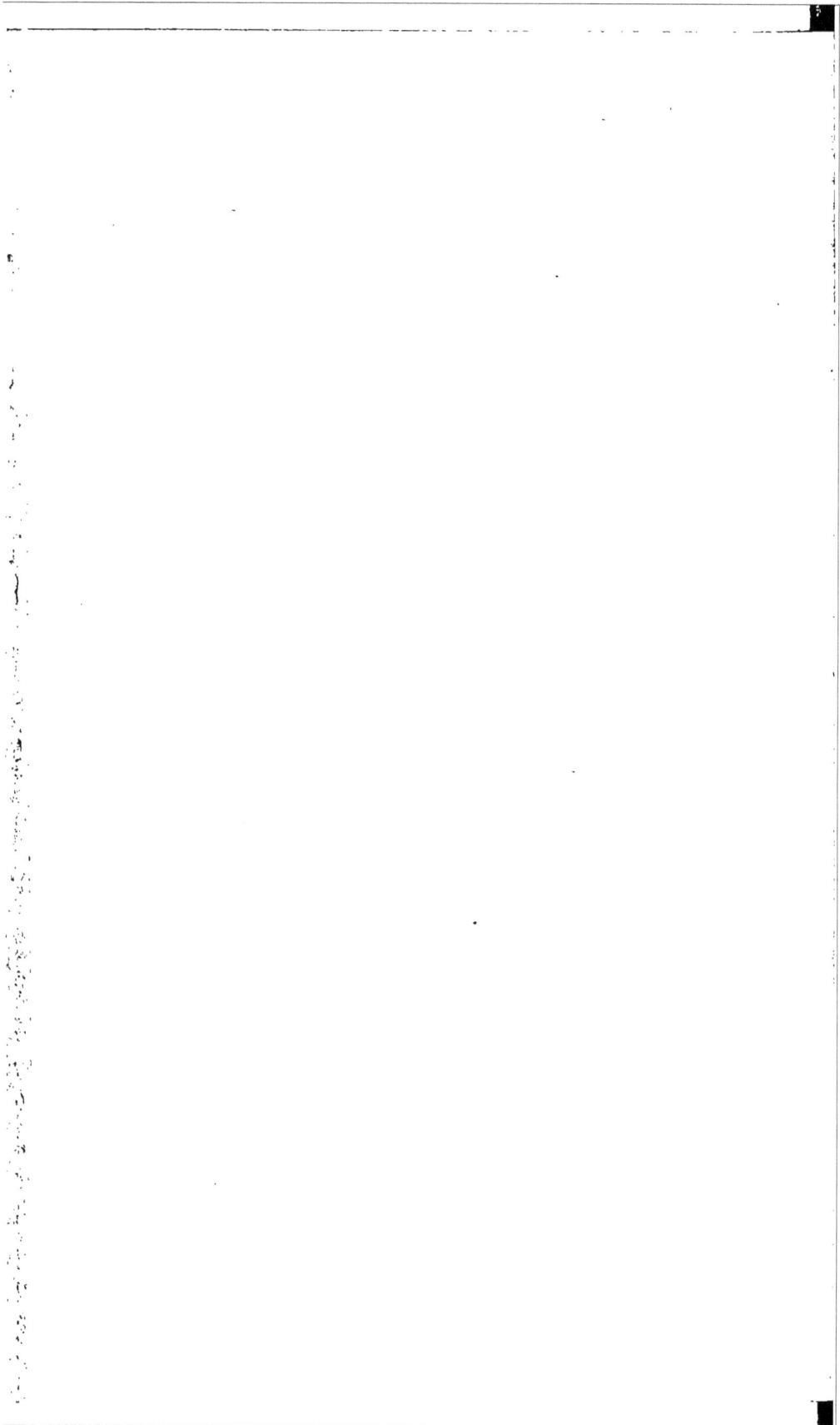

CHAPITRE PREMIER

Nevers. — Gien. — Dampierre-en-Burly. — Ouzouer-sur-Loire.

Le 25 septembre nous quittions Limoges par
une de ces chaudes et belles journées qu'illumine
le décroissant reflet de la splendeur de l'été. Là-
bas, vers le nord, s'amoncellent déjà les nuages
gonflés de pluie et de neige, tandis qu'autour
de nous la nature empreint ses derniers sourires
d'un charme plus séduisant et, d'une main prodigue, emplit de fleurs et de fruits la brunissante
corbeille de l'automne. Le paysage que nous
traversions n'avait plus rien à nous révéler. Dès
longtemps, nous connaissions les pentes boisées,
les maigres et arides collines qui bordent la

voie ferrée, les bouleaux argentés dont la roman-
tique silhouette se détache sur le fond sombre
des châtaigneraies, et les eaux limpides qui
arrosent d'étroites vallées, allongeant leur ruban
de moire sur le velours vert des prés.

Quelle mystérieuse lueur éclairait donc ces
campagnes et nous enveloppait ainsi de pensées
et de souvenirs ?... Ah ! c'est qu'au terme du
voyage, la mort aux grands bras attend sa proie !
Et combien sont partis qui ne verront plus
reverdir ces bois et ces plaines, et n'entendront
plus le murmure de ces ruisseaux qui, de
roche en roche, s'élancent, écument et bouil-
lonnent.

Un peu plus tard les champs du Nivernais,
que nous explorons d'un regard voilé du vague
accablement du sommeil interrompu, ne nous
laissent entrevoir que des terres grisâtres, où
s'alignent de longues files de sveltes peupliers et
d'ormes rabougris, auxquels la lumière incertaine prête les formes de fantastiques appari-
tions.

Vers minuit nous atteignons Nevers, et, sous la conduite de gardes nationaux, nous nous mettons en quête du logement. Quelques maisons (trop rares exceptions) s'ouvrent sur notre passage ; les autres sont muettes et inhospitalière. Les hôtels même, longtemps sourds à notre appel, se décident lentement à nous recevoir, et la nuit est déjà bien avancée quand nous pouvons aller dormir. Dès le lever du soleil, le général nous passera en revue et nous donnera l'ordre de rejoindre, à Gien, le 2e bataillon.

Nevers, que nous parcourûmes à la hâte, nous est apparu sous un double aspect : la vieille ville est pauvre, malpropre, humide et malsaine ; les nouveaux quartiers sont bien percés, largement aérés, d'ailleurs inégalement construits. Quelques débris des anciennes fortifications subsistent encore, assez difficiles à retrouver dans l'amas des maisons. La merveille est la belle cathédrale, d'une conception presque unique et dont, au premier abord, la disposition

2

paraît étrange et encombrante (1). Mais l'œil s'y
accoutume sans peine et bientôt, dans l'immensité des neuf travées qui partagent l'édifice, s'attache avec admiration plutôt à l'ensemble qu'aux
détails, où on retrouve le cachet des différentes
époques qui ont apporté leur coopération à cette
œuvre magistrale.

L'extérieur de l'édifice est ruisselant d'ornementations : statues, tourelles à jour, balustra-
des dentelées. Vis-à-vis cette cathédrale, et
parallèlement, s'élèvent deux anciens châteaux,
très bien conservés, dont les sculptures, repro-
duisant des traits de l'histoire des ducs de Bour-
gogne, qui mériteraient une longue descrip-

---

(1) « Le plan de cette cathédrale diffère beaucoup de
celui des autres cathédrales de France. Les extrémités
sont terminées par deux grandes absides : l'abside orien-
tale est dédiée à sainte Juliette, mère de saint Cyr, et
l'autre forme le cœur du chapitre. Le transept, au lieu
d'être situé entre le chœur et la nef, est placé au bas
de la nef, il appartient au style romano-bysantin. »
(Guide dans la France monumentale, RICHARD.)

tion. Il y avait là matière à plus ample moisson ; malheureusement l'heure du départ nous
pressait et nous concédait à peine le temps suf-
fisant aux préparatifs indispensables, au nombre desquels il faut placer l'achat et la distribution par compagnies d'un certain nombre
d'ustensiles de cuisine : gamelles, marmites et
bidons.

Vers deux heures part le train qui, arrivant
de nuit, s'arrête à la gare de Gien, distante
d'un kilomètre de la ville, vers laquelle nous
nous hâtons, un peu inquiets du gîte vu l'heure
avancée. Mais à peine la colonne s'engage-t-elle
sur les beaux quais ombragés de platanes, que de
toutes parts nous entourent les plus pressantes
sollicitations, auxquelles nous opposons, pour
la forme, une résistance polie qui ne demande
qu'à se rendre. Le temps ne détruira pas en
nous le souvenir de ce gracieux accueil.

Gien dispute à Orléans la gloire d'avoir été le
fameux *Génabum*; et sans nous engager dans
une recherche étymologique à laquelle nous

invite cependant une *consonnance évidente,* nous
inclinons à trouver cette prétention fondée.
Vainement veut-on s'armer, pour la combattre;
d'une phrase équivoque des *Commentaires,* dont
l'interprétation en faveur d'Orléans n'est qu'une
argutie et n'a pu être soutenue qu'à l'aide des
plus obscures traductions : « *Et quod oppidum
genabum pons fluminis legeris continebat.* » (1).
Et parce que le pont sur le fleuve de la Loire
était *contigu, faisait suite, était attenant* à la ville
de *Génobe,* a dit César (2). Ce pont, semble dès
lors devenir pièce probante au procès.

Or, M. Chevalier-Angonnet, qui fut mon
aimable hôte, nous a affirmé avoir aperçu
en 1856, alors que les eaux étaient basses, un

---

(1) A la vérité le verbe *continere* est rarement employé dans ce sens; mais on ne doit pas oublier que le
style de César est un style à part. Peut être faut il
croire, avec un commentateur, que César a voulu dire :
Pons oppidum ita coërcebat ut alius non esset exitus.

(2) *De bello Gallico,* liber VII, caput xi. (Edition de
Jacques Lecoffre et Cⁱᵉ, 1846.)

grand nombre de pilotis qui occupent toute la largeur du fleuve en un point équidistant de Gien - le - Vieil et de la ferme de *Portgalié* (*Portus-Galliæ*).

Ce sont les derniers vestiges de ce pont dont les énormes piles de maçonnerie, bien connues des pêcheurs de Gien, des mariniers de la Loire et souvent mentionnées dans de vieux baux de pêche comme délimitation des concessions, furent longtemps un obstacle à la navigation. Condamnés pour ce fait, ces pauvres restes ont disparu, laissant le champ libre aux négations les plus gratuites et aux plus invraisemblables conjectures.

Il serait, d'ailleurs, difficile de nier l'existence aux environs de Gien, sinon sur l'emplacement actuel, d'une grande cité gallo-romaine dont il n'est plus possible de fixer exactement la superficie; jusqu'à une longue distance les terres et les vignes sont remplies de substructions, de traces de constructions, de monnaies et de poteries antiques.

2.

Il y a quelques années M. Bréau, ingénieur
des ponts et chaussées, a découvert et mis au
jour de magnifiques ruines de thermes près
du hameau de Gien-le-Vieil, qui est situé à deux
kilomètres à l'ouest, au-delà du petit ruisseau
de *Riaudine* (*Rivus-Dianæ*). Dans l'emplacement
de ce vaste édifice, dont la façade mesurait plus
de cent vingt mètres, des témoins dignes de foi
ont pu voir les hypocaustes encore garnis de
charbon, les tuyaux de plomb qui conduisaient
et distribuaient les eaux, les siéges de briques
du tépidarium. On y a recueilli des vases sculp-
tés, des statuettes, des épingles en os et en
ivoire ; mille objets enfin dont s'est enrichi le
musée d'Orléans où, par erreur sans doute, on
les inscrivit au catalogue à la suite de curiosités
analogues provenant de fouilles faites dans le
Bourbonnais.

Quoiqu'il en soit, et en attendant qu'une
lumière inespérée éclaire ce débat, le camp
romain de *Nevoy*, où les zouaves retranchés, le
7 décembre, purent protéger la retraite de

Bourbaki, complète le cadre dans lequel se
placerait aisément le tableau des événements
qui s'accomplirent à *Génabe* l'an 52 avant
Jésus-Christ. C'est là que les légions, cantonnées
pour leurs quartiers d'hiver, ont dû s'endormir
dans une trompeuse sécurité que leur inspirait
le rapide apaisement de la révolte des *Carnutes*,
dont le promoteur, le malheureux Accon, tombé
entre les mains de ses ennemis à l'issue d'un
dernier combat, avait eu la tête tranchée après
avoir souffert une cruelle et ignominieuse fla-
gellation.

César, qui venait d'apprendre le meurtre
de Clodius et la prise d'armes générale décrétée
par le sénat, rappelé à Rome par ses ambitieuses
prétentions, était parti plein de confiance dans
la terreur qu'un aussi sévère exemple avait dû
imprimer à ces remuantes peuplades, toujours
frémissantes d'une sourde aspiration à l'indépendance. Mais à peine avait-il franchi les
Alpes, que déjà s'éveillaient de vagues rumeurs
dans la sombre et mystérieuse profondeur des

forêts séculaires que gardaient *Teutatès* et
Irmensul. Le gui sacré était tombé sous la
faucille d'or de l'*Eubage*, vêtu de lin, dans une
solennité qu'accompagnèrent les signes non
équivoques de la volonté des dieux. La druidesse
inspirée, debout sur l'autel barbare fumant du
sang versé dans un horrible sacrifice, avait lu
l'avenir dans le tressaillement des entrailles
palpitantes d'une victime humaine, et prophé-
tisait la délivrance de la Gaule et l'extermina-
tion de ses oppresseurs.

Tous les peuples se lèvent à l'appel de la
liberté ; et jamais sa grande voix ne resta sans
écho dans le cœur de nos pères. Un jour, les
retranchements du camp sont assaillis par une
multitude fanatisée que les femmes et les en-
enfants, demi-nus, portés sur des chars, excitent et encouragent de leurs cris. L'enceinte de
la ville, derrière laquelle s'abritent les négo-
ciants romains, est franchie et bientôt le dernier expire sous le tranchant de la *framée* gau-
loise. La nouvelle de ce massacre provoqua un

soulèvement général. Mais prompte fut la vengeance. César, accouru en toute hâte, après avoir réduit *Vellaunodunum*, marchait sur *Avaricum (Bourges)* et, chemin faisant, livrait *Génabe* à toutes les horreurs du pillage et de l'incendie.

La ville actuelle monte de toutes parts à l'assaut d'une vaste esplanade plantée d'arbres. Au milieu s'élève le château, aujourd'hui la sous-préfecture, commencé, à ce qu'on assure, par Anne de Beaujeu et achevé seulement deux cents ans plus tard. Rien ne signale bien particulièrement à notre attention cette construction, un peu lourde et sans ornementation. Cependant la façade principale emprunte un certain air de grandeur à trois tourelles octogonales à la base et carrées au sommet. Une singulière fantaisie y a fait employer une sorte de briques noires, dont on s'est servi pour dessiner sur le parement des murs des figures géométriques d'une rectitude désespérante.

Près de ce château on a construit une assez belle église moderne, à laquelle on a pu conser-

ver un clocher du quinzième siècle, que le
temps ou les hommes, ses bons collaborateurs
en destruction, avaient épargné. En haut de
cette tour nous attendait un splendide panorama, aussi large que peu accidenté, au travers
duquel se déroulait le fleuve diamanté au soleil.
A la chute lointaine de l'horizon, bleuissaient
des montagnes indistinctes ; à nos pieds se grou-
paient pittoresquement les maisons. On nous
en montra quelques-unes de la Renaissance
sur la place *Saint-Louis* et la place *aux Herbes* ;
leurs façades, aux nobles proportions, protestent
contre l'insignifiance et la vulgarité des constructions modernes. Faut-il le dire ? nous assistons tous les jours à la décroissance, dans
une effrayante progression, du goût délicat de
nos pères. L'anémie est partout. La peinture,
la sculpture, l'architecture et la poésie, ces traductions matérielles de l'idéal, se sont réduites à
un plagiat des grands maîtres et s'épuisent en
stériles efforts, sans approcher jamais de la
sublimité des modèles. L'art est-il donc frappé

dé mort, et les sources divines sont-elles taries ?

Gardons-nous de le croire et ne soufflons pas sur la lampe qui fume encore : peut-être ce siècle d'athéisme et de progrès mécanique est-il appelé à retrouver le secret de ces immortels enfantements du patriotisme et de la foi.

Gien ne contient qu'une population de 6,700 âmes, et n'en est pas moins le centre d'un important commerce qui comprend : la fabrication des carreaux fins et du blanc d'Espagne. Les bois, les grains, les laines, les serges et le sel gris y occupent à leur transport toute une escapre pacifique de bateaux plats qui sillonne la Loire sans relâche. La fabrique de faïence, où était logé notre 2ᵉ bataillon, est l'une des plus grandes du monde entier. Le jeune musée céramique de Limoges possède quelques échantillons de ces faïences artistiques qui sont d'une très pure exécution.

Cette ville de Gien n'a ni l'aspect mouvementé, ni l'air turbulent et affairé des centres exclusivement manufacturiers, ni la morne phy-

sionomie des cités aristocratiques, où la vie
semble s'être retirée dans l'ombre des grands
hôtels silencieux dont les hautes murailles
claustrales bordent des rues désertes. En dehors
des circonstances anormales qui nous y ont
conduit, elle doit offrir le spectacle bourgeoi-
sement joyeux d'une terre fertile où, sans fié-
vreuses agitations et sans durs travaux, les
familles conquièrent une heureuse et facile ai-
sance, dont elle ont la sagesse de se contenter.

Notre séjour n'y fut marqué par aucun incident bien saillant, quoique par deux fois le bruit
se répandit de l'arrivée de l'ennemi qui, heureusement, était encore loin.

C'est dans le lit de la Loire, alors presque à
sec, sur le sable mou et les durs galets, que
nous nous livrions, deux fois le jour, à de nombreux exercices et principalement à l'école des
tirailleurs, dans laquelle nous avions fait d'assez
rapides progrès. Deux ou trois compagnies du
2e bataillon furent conduites au tir et purent
du moins apprendre à charger leurs armes.

Le 2 octobre M. le commandant Pinelli fut informé de sa promotion au grade de lieutenant-colonel, et remplacé dans son premier grade par M. Duteillet de Lamothe.

Le lendemain les deux huitièmes compagnies prenaient par ordre le chemin du dépôt.

Quelques cas de dyssenterie ayant été signalés, on profitait de l'occasion pour munir tous les hommes de ceintures de flanelle et faire une grande distribution de couvertures.

Le 4 octobre nous partons, dès le point du jour, pour aller relever de grand'garde le régiment de l'Aveyron, dans les bois de Dampierre qui limitent au sud-est la forêt d'Orléans Au sortir de la ville la route s'éloigne de la Loire, laissant à la gauche Nevoy et son camp romain, et commençant un arc de cercle dont l'extrémité opposée atteint Ouzouër. Nous traversons un échiquier de plaines bien cultivées, où, comme des pions épars, surgissent çà et là quelques bois de sapins; puis, sous un soleil brûlant, nous arrivons à Dampierre.

3

Dampierre-en-Burly, canton d'Ouzouër-sur-Loire, est un joli village qu'enrichissent une scierie hydraulique et une fabrique de tuyaux de drainage. La route en forme à peu près l'unique longue rue, et descend par une rampe roide vers l'étang allongé de Bourg qui, mariant deux ruisseaux, va se déverser dans la Loire par une seule embouchure. Si le château moderne de M. de Béhague a laissé à quelques uns le souvenir d'une courtoise hospitalité, le site ravissant ne s'est pas moins gravé dans la mémoire des autres qui firent une délicieuse halte, rencontrant, au sortir de la route poudreuse et des grandes plaines calcinées, une prairie toute émaillée des dernières marguerites.

La rive est plantée de peupliers de la Caroline et de saules pleureurs géants, royalement vêtus de clématites et de chèvrefeuilles parfumés, qu'habite toute une peuplade d'oiseaux chanteurs dont notre présence ne semblait point troubler la quiétude. Seul, le martin-pêcheur fuyait à notre approche, sous l'abri des branches pliantes

inclinées vers les eaux bleues, et dans son vol
brusque et rapide rasait ces larges nappes glau-
ques qu'étoilent les fleurs blanches du nénu-
phar.

Les bois où nous allâmes camper, sous de
pittoresques *gourbis* construits de branchages,
sont plus rapprochés d'Ouzouër que de Dampierre. Un peu longue y fut notre station, qui
d'ailleurs s'égaya beaucoup de préoccupations
gastronomiques : *Lucullus soupait chez Lucullus*.
Novices en l'art culinaire et surtout en ces
préparations en plein air, nous eûmes assurément quelques mécomptes; mais un inappré-
ciable condiment assaisonnait tous les mets et
leur prêtait une saveur inconnue. Celui-là ne
venait du Pérou, de la Guyanne, ni de l'Inde,
facile à rencontrer et à recueillir, moins coû-
teux encore que rare, il s'appelle de deux noms
jumeaux, non pas synonymes, la nouveauté et
l'imprévu. Et il n'est poule couveuse, oie co-
riace, coq atteint d'étisie, dinde filandreuse ou
canard centenaire qui ne se puisse servir sur la

table du plus fin gourmet, à cette sauce merveilleuse dont on ne trouve pas la recette dans la *Cuisinière bourgeoise*.

Ouzouër-sur-Loire est un chef-lieu de canton d'un millier d'habitants, où nous n'avons rien découvert d'autrement intéressant que les quatre murs d'une église en cours de construction, et une façon de cabaret caverneux où une grosse maritorne, rougeaude et bourrue, servit à quelques-uns, sous prétexte d'absinthe gommée, une horrible mixtion qu'on eût mieux aimé payer dix fois qu'avaler une seule.

Après quoi, chacun regagnait son *gourbi* et, sans être sybarite, on y sentait assez vivement le pli de la feuille de rose.

Le 6 octobre nous rentrons à Gien, et presque aussitôt nous repartons en chemin de fer pour Montargis.

CHAPITRE II

—

Montargis. — Beaune-la-Rolande. — Nogent-sur-Vernisson.
La Bussière. — Briare.

Montargis se présente, dès l'arrivée, sous un joyeux aspect qui séduit et qui charme : une large avenue, bordée d'élégantes maisons, conduit de la gare à la ville en traversant une promenade plantée d'arbres vigoureux. Par ce beau jour et ces flots de lumière tout s'anime, parle, vit et rayonne.

Le 2e bataillon, qui continue à nous précéder, est déjà parti pour s'installer de grand'garde dans la forêt voisine. Plus favorisés, nous recevons des billets de logement et, pour ma part, un bon numéro m'étant échu à cette loterie, j'allai bien vite prendre possession d'une chambre coquette, où je pourrais enfin secouer la poussière du voyage.

Mais qu'il y a loin *de la coupe aux lèvres*, justement alors que je me réjouissais du grand lit renflé, au-dessus duquel je voyais, dans les hauts rideaux à ramages, voltiger les songes de rose et s'épancher le suc des pavots de Morphée, on vint me communiquer l'ordre qui allait nous forcer à repartir dans la nuit, rompus de fatigue et chancelants de sommeil.

La colonne se forme et sort de la ville vers minuit, ordre avait été donné de charger les armes. Ce nous fut une occasion de constater combien l'enseignement théorique est insuffisant; car nos hommes oublièrent, pour la plupart, de renverser la cartouche, et l'introduisirent dans le canon la balle la première.

Une marche de nuit évoque, en toutes circonstances, des pensées un peu mélancoliques; celle-ci s'attristait particulièrement de la longueur présumée de l'étape, de l'incertitude où

nous étions sur les positions de l'ennemi, et du
peu d'espoir que nous avions de pouvoir opposer
la plus faible résistance dans l'éventualité d'un
engagement qu'on prévoyait pour le lendemain.
A la vérité, l'événement fit évanouir cette supposition un peu extrême, mais qui semblait
alors devoir très probablement se réaliser. Au
reste, toute autre préoccupation cessa bientôt
devant la nécessité pour chacun de conserver
son rang et de rester debout. Nos deux nuits
d'insomnie dans les bois de Dampierre étaient
lourdes à porter. Par instants, on se figurait
être le moyen d'une roue immense entraînée
dans un mouvement de rotation endiablée. Il
fallait un faux pas sur un tas de cailloux, l'im-
minence d'une culbute dans un fossé, ou le
choc d'un camarade marchant sur nos talons,
pour nous arracher momentanément à cette
sensation de somnolence écrasante, dont la
prolongation devenait tellement douloureuse
que nous en étions à désirer le plus tragique
dénouement, lorsqu'au lever du soleil, qui per-

çait à travers un voile de vapeurs grisâtres,
nous aperçûmes tout à coup les maisons
blanches et paisibles de Beaune-la-Rolande.

Jamais hospitalité n'égala en simplicité touchante, en franche cordialité celle qui nous
accueillit ici. Nous ne recevions point encore
les vivres de campagne et chacun devait se
pourvoir. L'unique hôtelier, dans l'impossibilité
de satisfaire à nos demandes multiples, avait
pris le parti de nous abandonner ses tables et
ses fourneaux, où chacun cuisinait pour son
compte. On nous livrait d'ailleurs à des prix
véritablement très modique le petit vin des
coteaux voisins de Saint-Loup-les-Vignes, les
comestibles et le dessert.

Beaune est située sur l'un des points culmi-
nants de ce pays plat; et cette position favorable y a fait établir un grand nombre de
moulins à vent qui, au moindre souffle, gesti-
culent comme des possédés. Nos mobiles, qui s'y
sont établis, allant et venant alentour, leur
donnent l'apparence de ruches colossales d'où

sans cesse entrent et sortent de gigantesques abeilles. La plaine, un peu monotone, est rayée de larges bandes d'un violet *épiscopal* aux plus riches reflets. Ce sont les champs de safran, dont la culture est une précieuse source de richesses pour ces contrées. La récolte est déjà commencée, aussi toute la ville est safranée.

Du milieu d'assez pauvres maisons s'élève, sur une petite place, l'antique église romane aux massifs contreforts. Sous le chœur s'étend une crypte obscure, où l'on nous montra le tombeau qui renferme le corps d'un saint, oublié dans le calendrier, dont on eût dû faire le patron des fumeurs : *saint Pipe.*

Nous étions là depuis deux jours, lorsqu'on nous y oublia ; et le colonel, informé par hasard des événements qui venaient de s'accomplir à Pithiviers, dut prendre sur lui de ramener son régiment à Montargis, il n'était que temps. Nous avons appris depuis que, victime d'un dévouement patriotique dont elle a donné un exemple trop peu suivi, Beaune-la-Rolande a payé de sa ruine presque totale et de cruelles exécutions, une héroïque résistance qui lui eut mérité sympathie et respect de la part de vainqueurs moins implacables. Nous restâmes également deux jours à Montargis. Le 2ᵉ bataillon y reçut des chassepots, et nous y trouvâmes nos deux 8ᵉ compagnies que nous renvoyait le dépôt et qui devaient former le noyau du 3ᵉ bataillon.

A Montargis, il faut laisser les grandes rues bruyantes, animées, bordées de riches magasins, et d'une propreté hollandaise (détail à noter), pour découvrir le cachet particulier qui fait de cette ville une des plus agréables sous-préfectures de France. C'est sur les bords du canal que les peintres, les touristes et flâneurs iront, à l'ombre des superbes platanes si renommés, chercher une vue originale et pittoresque.

De ces belles allées, un peu resserrées entre la chaussée et de frais jardins remplis d'arbres fruitiers, l'œil embrasse un ensemble ravissant de jolies maisons s'étageant de ter-

rasses en terrasses, et dont l'architecture simple, mais de bon goût, se voile de feuillages
et de fleurs, mille fantaisies s'y révèlent et
l'harmonie naît de la diversité. Ici, ces maisons se groupent en bouquet; là, elles s'élèvent solitaires, toutes s'habillent d'aristoloches,
de bignonias et de jasmins et s'entourent de
parterres verdoyants et touffus, semés de kios-
ques chinois aux découpures bizarres et aux
dessins fantastiques, ou de pavillons rustiques,
dont parfois, au bruit de nos pas, une main blanche écarte le store, et d'où partent de frais éclats
de rire au timbre plus argentin que celui des
eaux jaillissantes qui retombent, tout auprès,
dans des vasques sonores.

En prolongeant cette *reconnaissance*, on retrouve la promenade du *Patis* dont la vaste
pelouse, qui nous sert de champ de manœuvre,
contient le champ de foire. Notre époque d'*a-
quariums* a introduit sous ces beaux ombrages
un square avec bassin, jet d'eau et grenouilles.
Dans un angle, s'aplatit le théâtre qui paraît

tout fier de sa façade, laquelle affiche certaines *prétentions doriques.*

Cette ville de Montargis a reçu de grands personnages ; elle a vu s'accomplir d'importants faits historiques ; elle a possédé de beaux monuments. Lieu de plaisance et place de guerre, elle eut ses palais et ses bastions, rien n'en a survécu en elle que le souvenir : c'est une jeune coquette qui fait fi de ces vieux atours.

On raconte qu'elle prit origine d'une tour qu'éleva Clovis au sommet de la colline qui la domine et la défend des vents du nord-ouest. Pierre de France, fils de Louis VI dit le Gros (1), fit construire en ce lieu un château qu'il fortifia, et qui, successivement agrandi, transformé, fut un superbe palais sous Charles V, et sous Charles VII une imprenable forteresse en état de recevoir et d'abriter une garnison

---

(1) Louis le Gros est le premier *communeux :* on lui doit en effet l'établissement des *communes.* C'était lui qui, prétendant qu'on ne prend point le roi aux échecs, démontrait aussi qu'on ne le prend pas à la guerre.

de 6,000 hommes d'arme. Ce bel édifice avait sans doute beaucoup souffert lorsqu'on acheva de le démolir en ce siècle, et ce fut à grand peine qu'on en put conserver une porte flanquée de deux tours. Nous avons entendu parler avec admiration, et peut-être avec un peu d'exagération, de l'immense salle d'armes, de six cheminées hyperboliques et d'une fresque très curieuse, quoique fort détériorée, qui représentait le duel de Macaire avec le chien.

Vous connaissez la touchante légende? En vérité, on ne peut dire que ce fut un homme mal partagé, cet Aubry de Montdidier, gratifié par le ciel d'un ami et d'un chien également fidèles. Mais il avait aussi un ennemi, un ennemi dont la vengeance se préparait et s'aiguisait dans l'ombre, et un jour qu'il traversait la forêt de Bondy, il fut assailli à l'improviste et succomba sous les coups d'un assassin dont on chercha vainement la trace. Cet assassin, c'était un certain chevalier nommé Macaire, qui, après perpétration de son forfait, avait enterré

sa victime au pied d'un arbre. L'histoire ne dit
point qu'elle fut la conduite du chien pendant
le combat que dut soutenir son maître ; toujours
est-il qu'il revint au logis de l'ami, fit découvrir
le cadavre et ne manqua jamais, lorsqu'il ren-
contrait Macaire, de s'acharner après lui et de
le mordre furieusement. Cette persistance finit
par éveiller le soupçon. Le bruit de ces curieuses rencontres de l'homme et du chien parvint bientôt jusqu'au roi Charles V, à qui la
postérité a si justement conservé le surnom de
Charles le Sage.

Cependant, le roi ayant mandé par devant
lui les parties, resta très embarrassé de se prononcer ; et, en l'absence de tout témoignage
plus précis, décida, selon la naïve mais pieuse
coutume du temps, qu'il serait fait appel au
jugement de Dieu.

Au jour fixé, Macaire se présente armé d'un
bâton ; on a donné au chien un tonneau pour la
retraite. Le combat s'engage, le brave animal
harcelle son adversaire, le lasse par d'insaisis-

sables évolutions et de brusques assauts, le terrasse enfin et le serrant à la gorge, le force à faire publiquement l'aveu de son crime.

Charles V voulut, par une peinture qu'il fit exécuter en son château royal de Montargis, perpétuer la mémoire de cet acte de fidélité canine qui eût honoré l'humanité.

L'église paroissiale de Montargis porte bien distinctement l'empreinte de deux époques : le chœur et l'abside sont en effet postérieurs de près de deux cents ans à la nef admirable et aux bas côtés. Bien conservée et intelligemment restaurée, cette belle église n'aurait rien à regretter du passé si on eut pu lui conserver les magnifiques verrières qu'il a fallu remplacer par des vitraux modernes aux couleurs tranchantes et aux tons criards.

Le 12 octobre survient un ordre qui nous fait partir pour Nogent-sur-Vernisson, où nous arrivons à la nuit. Nous allâmes, à quatre ou cinq, loger au château de *Changy*, à plus de trois kilomètres. Un bon repas et un gîte très

confortable nous y attendaient, ceux qui en pro-
fitèrent ne se souviendront pas sans gaieté des
doléances de notre hôte, *désolé de nous servir un
dîner froid*, que nous dévorions, nous, à belles
dents allongées par une étape de cinq lieues.

Le lendemain de grand matin, les clairons
sonnaient le réveil et nous quittions Nogent-
sur-Vernisson, ayant tout juste le temps d'entrevoir une petite place plantée de tilleuls et une
église qui nous parut ancienne et intéressante.

Le paysage a changé d'aspect, et la route
semble se départir enfin du parti-pris absolu
de la ligne droite. Elle gravit quelques pentes,
décrit deux ou trois circuits et traverse des bois
d'une assez grande étendue, au sortir desquels
nous rencontrons les premières maisons de la
Bussière. L'étape nous eût semblé fort courte,
n'étaient ces coupures de la route qui nous re-
tardaient et dont on a partout étrangement.
abusé, sans vouloir comprendre qu'elles nous
nuisaient plus encore qu'à l'ennemi, auquel
elles ne firent jamais sérieusement obstacle.

La Bussière est un modeste village, chef-lieu de la commune de ce nom. La population totale ne dépasse pas le chiffre de neuf cent soixante habitants, dont tous les bras sont au service de l'agriculture. Le sol, argileux et maigre, doit cependant médiocrement payer la main d'œuvre. Le seigle forme la base de la culture des céréales, et le rendement qu'on nous en accusa ne saurait être rémunérateur. En revanche, les bois y ont une superbe végétation, et le beau parc, à l'entrée duquel est construit le château de **M.** de Chaseval, en est un admirable spécimen.

Ce château, remarquable construction en briques du treizième siècle, s'élève sur le bord d'un étang qui alimente de larges douves. Tout un corps de logis s'avance sur l'eau, supporté par d'élégantes arcades qui témoignent d'une restauration assez récente. Les tons sombres dont le temps a revêtu ces murs s'harmonisent, à cette époque de l'année mieux qu'à toute autre, avec la teinte brune ou dorée des feuilles qui,

détachées une à une, viennent joncher le gazon
rougi des allées. Les beaux jardins ont, en partie,
heureusement échappé aux bouleversements
causés par cette rage d'imitation qui nous en-
traîne à la remorque de nos voisins d'outre-
Manche. On y retrouve avec joie le vieux style
français et, vraiment, on n'entrevoit pas ce qui
pourrait remplacer avec avantage ces hautes et
superbes charmilles, dont la voûte s'enfonce
dans l'épaisseur des taillis et des futaies. Nous
aimions à y égarer nos pas, dont le bruit allait
éveiller parfois un chevreuil couché dans les
fourrés voisins, qui s'élançait pour disparaître
aussitôt, plus rapide qu'une apparition.

Le 15 octobre, il nous faut dire adieu à la
Bussière et à ses hospitaliers habitants. Nous
partons avant le jour, par un brouillard épais
qui menace à tout moment de se changer en
pluie. Les champs de bruyères, les bois de
sapins et les bordures de châtaigniers, nous
apportent bien avant Briare le pressentiment de
la Sologne.

Briare est un chef-lieu de canton qu'enrichissent plusieurs industries très florissantes, telles que : la fabrication des faïences, des poteries et des boutons en porcelaine. A l'arrivée, les hautes cheminées, que surmontent de longs panaches de fumée noirâtre, nous envoient les âcres émanations du charbon de terre, tandis que l'écho vibre aux rauques sifflements des locomobiles, qui scandent énergiquement le monotone concert des machines et des marteaux.

Briare est situé sur la Loire, au versant d'une colline, dans un beau site et à l'embouchure du canal qui lui a emprunté son nom. L'inauguration de ce canal eut lieu en 1642. Tracer un gigantesque trait d'union de la Loire à la Seine, tel avait été le problème à résoudre. L'ingénieur Hugues Crosnier y travailla pendant trente-sept années, avec la même persistance, la même ténacité dont a fait preuve M. de Lesseps dans la poursuite acharnée de l'audacieuse entreprise qui a immortalisé son

nom. Ici s'arrête le 2ᵉ bataillon qui doit arriver,
par étapes, à la destination où va nous emporter
en quelques heures un train dont la locomotive
réitère ses appels aigus.

CHAPITRE III

Bourges.

Nous quittons ainsi Briare que nous n'avons fait que traverser. Par un hasard qui ne se reproduira pas souvent, nous connaissons notre destination. C'est sur Bourges que le train se dirige, assez lentement pour nous donner le temps d'évoquer les réminiscences classiques et de recueillir les souvenirs qui se pressent en foulent. Déjà, dans la pénombre lointaine, se dessine la fière et sympathique figure de Vercingétorix, sur les solides remparts d'*Avaricum* que battent sans trêve béliers et catapultes; et bientôt la grande ombre de César nous appa-

raît debout sur la brèche, livrant la cité si vail-
lamment défendue à toutes les frénésies d'une
soldatesque dont la fureur s'était accrue de la
résistance qui lui fut opposée. Les *Commentaires* racontent longuement ce siége, et c'est
avec un légitime orgueil que nous nous empa-
rons de ce témoignage rendu à l'éclatante valeur
de nos ancêtres.

Hélas ! il vint un jour où l'impétuosité gau-
loise dut céder devant la supériorité de la tactique romaine, puissamment secondée par les
inexprimables horreurs de la famine, et c'est
ainsi qu'*Avaricum* (1) succomba, l'an 52 avant
Jésus-Christ.

Un an plus tard, Alesia devait voir, avec
le chef Arverne. la Gaule expirante ployer
la tête sous le joug dominateur de Rome, en
dépit des héroïques efforts du jeune guerrier
lémovice, *Sédulix*, qui s'ensevelit dans la défaite

---

(1) *Avaricum* tirait son nom de la petite rivière
Avara ou *Avera*, aujourd'hui l'*Yèvre*.

avec la plus grande partie de ses dix mille
soldats.

Cependant, c'est une vérité incontestable
qu'on finit par arriver si l'on ne s'arrête, et si
doucement qu'on s'achemine, il vient une heure
où l'on atteint le but... En effet, voilà qu'on
nous avertit que notre voyage a pris fin. Nous
secouons alors vigoureusement les dormeurs et
nous les invitons à descendre, ce à quoi quelques-uns mettent un peu de mauvaise grâce.
Bourges, où nous entrons enfin vers huit heures
du soir par une pluie fine, froide et pénétrante,
sous laquelle il nous faut faire une interminable
station dans l'attente des billets de logement
que prépare un employé somnolent, nous paraît
devoir vivre, en temps ordinaire, sous un en-
chantement analogue à celui de *la Belle au bois
dormant*. Encore le réveil est-il bien incertain.
A l'aspect de la vieille cité on songe de ces res-
pectables douairières guindées, sur leur haut
fauteuil armorié, absorbées à jamais dans la
contemplation intime de leurs beaux souvenirs

et près desquelles les petits enfants parlent bas.
Qu'importe, l'ennui ne saurait nous y atteindre,
nous qu'attirent par un charme irrésistible les
rues tortueuses aux pavés pointus, où l'herbe
perce, mais où le regard est à chaque pas réjoui,
découvrant, sous l'étage qui surplombe, l'auvent curieusement fouillé et le chambranle
brodé à jour.

C'est ainsi qu'en nos longues promenades
nous pourrons atteindre sans nous lasser la
superbe cathédrale, placée sous le vocable de
saint Etienne. Heureuse concordance pour les
dévots à notre saint patron de Limoges.

Dès l'abord, le portail principal, ouvert entre
deux tours, nous arrête et nous retient.

Ici tout est précieux, parce que tout est ancien, eût dit mon très regretté maître, le savant
abbé Texier.

C'est en effet un long et étrange poëme de
pierre, racontant le jugement dernier. Au commencement, on voit les morts arrachés à leur
profond sommeil par l'appel impérieux des

trompettes où s'essoufflent des archanges bouffis,
qui soulèvent la pierre de leurs sépulcres. Ensuite vient le jugement, symbolisé par la balance
dont un plateau, presque vide, hélas! s'élève
dans la gloire ; tandis que l'autre, surabondamment chargé, descend dans la géhenne, où l'attendent des démons cornus et grimaçants,
largement pourvus de l'appendice... *Fourier*.

La vue de l'ample curée fait hurler toute
la meute féroce d'un ehorrible joie, dont l'artiste
a rendu très naïvement, mais très heureusement et très diversement, l'expression. Plus
loin sont les chaudières où les pauvres âmes
cuiront dans leur jus pendant toute l'éternité.
Leurs bourreaux, armés de longues fourches,
les y plongent et les y retournent, répondant
à leurs regards poignants d'angoisse par de
cruels ricanements. Cependant la flamme
ardente, la flamme inextinguible tord alentour
ses langues acérées. Il est une de ces chaudières
d'un très curieux dessin, où un diable enragé
renfonce le couvercle, à grand effort de reins,

4

sur l'occiput de figures hideusement convul-
sionnaires, tandis que ses bons compagnons aux
bras musclés, armés d'énormes soufflets, attisent
le feu et l'excitent sans relâche.

Je ne sais plus quel fabricant d'itinéraires
nous avait prévenus qu'on se sentait saisi d'une
véritable épouvante à l'aspect de ces damnés
et de leurs tortionnaires, notre impression fut
toute autre. En somme, les uns ne paraissent
pas si désespérés et les autres n'ont point l'air
si farouche, l'ensemble est plutôt dans le goût
sceptique du malin Rabelais que dans le style
du sombre Dante, et respire ce vieil esprit gaulois dont la naïveté n'exclut pas la malice. Cherchant la pensée de l'auteur, on serait tenté de
croire, si la supposition n'était un peu leste,
qu'il s'arrêta sur la limite de l'effrayant, non
par impuissance assurément, mais peut-être
par crainte d'inspirer aux jolies pécheresses de
son temps une terreur des châtiments par trop
salutaire, ce qui impliquerait qu'il eut plus
de talent encore que de piété. Au reste, nous

ne saurions nous attarder plus longtemps à la
description de toutes ces figures, dont quelques-
unes, et le démon de la luxure en particulier,
sont ornées d'attributs aussi singuliers que
caractéristiques, sur lesquels il ne nous est
pas possible d'être plus explicites. Mais nous
n'entrerons pas avant d'avoir admiré deux petits
portails latéraux du onzième siècle, qui sont
d'un fini merveilleux et d'une élégance suprême.
L'intérieur de l'édifice se divise en cinq nefs,
d'un aspect grandiose et saisissant dans leur
majestueuse nudité. Les restaurateurs et les
embellisseurs modernes ont heureusement épargné jusqu'ici à ces hautes voûtes sombres
leurs affreux *peinturlurages,* bons tout au plus
pour nos palais de carton et nos salles de spectacles. Notre luxe d'oripeaux et de clinquant
jure dans ces demeures sublimes, où l'âme
émue s'élève vers un hôte auguste. Ici, c'est le
soleil qui se charge des fresques quand il perce
à travers les grands vitraux d'une richesse de
coloris qu'on n'égale plus. Alors, quelles capri-

cieuses arabesques, quel ragoût de couleurs, quelle vigueur et quelle suavité de tons à désespérer un Raphaël et un Michel-Ange. Il semble que cette forêt de colonnes, si sveltes et si hardies, aux superbes chapiteaux de feuillages, soit le bouquet de palmiers d'une divine oasis, entrevue dans la splendeur d'un coucher de soleil oriental.

De la plate-forme de la tour, où l'on arrive après avoir gravi un nombre incalculable de marches, on découvre un immense horizon de plaines fertiles. Mais la richesse de ces grandes plaines, où les extravasations de l'*Yèvre*, de l'*Yèvrette* et de l'*Auron* forment sur plusieurs points de miroitants marécages, ne nous console pas de leur monotomie; tout ahuris que nous sommes d'ailleurs de cette spirale ascensionnelle qui nous a vissé un tire-bouchon dans le crâne.

La descente va nous procurer la sensation inverse également désagréable; heureusement que nous en serons quittes pour quelques crampes, et une *flageole* dont nous allons nous remettre en visitant la crypte.

Une pente douce y conduit. Mais, nouveau désenchantement, le souterrain est sans mystère et parfaitement éclairé. C'est aux vacillantes lueurs de torches fumeuses qu'il nous eût plu de l'explorer. En vain nous montre-t-on les statues en marbre des ducs du Berry, quelques débris de sculptures dont la provenance est purement hypothétique, trois ou quatre inscriptions illisibles pour tous autres gens que des archéologues consommés, et enfin un tombeau du Christ entouré de personnages de grandeur naturelle et ineptement barbouillés de toutes les couleurs du prisme. Nous avons hâte de secouer sur le seuil notre admiration et de marcher à de nouvelles découvertes (1).

_____

(1) On ne peut sortir de la cathédrale avant d'avoir admiré les beaux vitraux dont les sujets sont tirés de l'Ancien et du Nouveau Testament. On rencontre tour à tour Job, l'enfant prodigue, les chiens léchant les

4.

. La deuxième merveille de Bourges est la maison du célèbre Jacques Cœur qui, quoique d'un genre plus tempéré que la cathédrale, n'en est pas moins un chef d'œuvre de premier ordre. C'est au temps où sa fortune *rotschil-dienne* atteignit son apogée que l'argentier fastueux du roi **Charles VII**, du roi de Bourges, comme l'appelaient plaisamment *nos bons amis les Anglais* (marquis de Boissy ! revivez pour protester avec moi !), s'était fait construire ce superbe palais. Mais l'envie s'attache aux pas du bonheur ; accusé de crimes imaginaires, ce grand *ministre des finances* se vit traîner dans un cachot, tel qu'un vil malfaiteur, et c'est à grand'peine qu'il put s'échapper, pauvre et dépouillé, pour s'en aller mourir en exil,

---

plaies du lépreux (dans lequel un abbé, qui se trouve-là, s'obstine à reconnaître, et que Dieu lui pardonne, *Daniel dans la fosse aux lions*). Puis, c'est le festin du riche impitoyable, et enfin la chute de ce riche au cœur dur dans les profondeurs de l'abime, en regard de l'exaltation du lépreux dans le sein de Dieu, etc., etc.

offrant au monde un nouvel exemple de l'ingratitude des princes.

La *maison* de Jacques Cœur, agrandie au moyen d'annexes dépourvues de tout caractère architectural et un peu défigurée par les exigences de la distribution, est devenue le palais de justice. De chaque côté de la porte d'entrée, à hauteur du premier étage, se voient deux curieuses figures (homme et femme) un peu plus grandes que nature, qui apparaissent jusqu'aux aisselles, encadrées dans d'étroites fenêtres dont le volet de pierre s'entrouvre intérieurement pour leur livrer passage. On dirait de deux serviteurs empressés qui viennent reconnaître un visiteur qui s'est annoncé bruyamment, ou qui veulent charitablement prévenir les passants, qu'ils menacent d'une aspersion peu réjouissante, par ce cri dont la signification me paraît équivoque : *Gare l'eau !*

La cour intérieure est en forme de cloître, on y remarque quelques dessus de portes embellis de sculptures, et on y rencontre presque partout l'écusson semé de cœurs et de coquilles, armes parlantes dont nous acceptons la belle devise comme d'heureux augure : *A vaillans cœurs rien impossible* (1).

De cette cour, un escalier tunnel donne accès sur une petite place malpropre et, de là, dans la *rue des Arènes,* qui nous conduit tout droit à la charmante demeure que *Guillaume Pelvoisin,* l'architecte de l'une des tours de la cathédrale, construisit, dit-on, pour l'illustre jurisconsulte Cujas. La gendarmerie aux éperons sonores trouble seule aujourd'hui, du bruit de ses pas, l'écho des salles où la parole du docte professeur captivait l'attention des studieux élèves en jurisprudence. Un aimable brigadier, qui voulut bien s'y faire notre obligeant *cicerone,* nous dit en nous quittant : « Mes officiers, il faut ici retourner le fameux proverbe ; car, pour cette

---

(1) A propos d'armoiries, il n'est pas sans intérêt de savoir que le facétieux écusson dont on dote généralement la ville de Bourges, appartient à un blason absolument *fantaisiste.*

fois, « *Toga cedat armis*, » et peut-être allions-
nous rester sous le coup de l'audacieuse citation
de ce brigadier trop lettré, lorsque l'un de nous,
qui est avocat et prompt à la réplique, lui déco-
cha, en s'en allant, le trait du Parthe : *Brigadier,
vous avez raison !*

Un peu plus loin, on nous montre la maison
où l'on prétend qu'est né Louis XI, ce triste sire,
dont l'esprit chagrin, la malpropreté, l'avarice
et la superstition furent les moindres défauts.
Celle-ci, est un véritable bijou, ouvré et ciselé
à ravir, étalant mille fantaisies tour à tour
gracieuses et bouffonnes, mais toujours charmantes, spirituelles et d'un goût fort peu pudi-
bond, auquel le *shocking* britannique était inconnu ; pour le moment, des religieuses, qu'on
nomme les Petites-Sœurs bleues, l'occupent et y
dirigent un pensionnat de jeunes filles. Tout en
professant le plus grand respect pour l'art, *dé-
cent dans la nudité*, on s'étonne de rencontrer
ici, et jusque dans l'oratoire, certaines images
plus que déshabillées.

Il est encore quelques rues de Bourges qui datent presqu'en entier de Charles VI. Depuis le règne de l'insensé, le temps a marché sans y apporter aucun changement; mais il y a déposé ce parfum de vétusté et ce mystérieux reflet dont il entoure les choses du passé comme d'une lumineuse auréole. O vieilles habitations de nos pères ! vos portes étaient basses, étroites vos fenêtres ; mais vous resplendissiez de rayonnement intérieur. Comme on sent à votre vue que la femme était bien là, entourée d'ombre et de silence, dans toute la plénitude de sa dignité d'épouse et de mère ! C'est ici que nos aïeules filaient la laine ; c'est ici qu'elles mettaient au monde ces fortes races d'hommes préparés à la sévère discipline des armées par la domination paternelle, et qui, sur leurs reins robustes, supportaient sans faiblir le poids de ces pesantes armures dont une seule pièce serait un trop lourd fardeau pour nos bras énervés.

Ainsi allions-nous, moralisant et mettant à profit les courts instants de répit que nous

accordaient l'étude de la théorie et l'application
de l'*École de peloton*, dont les arbres de la place
Seraucour nous inculquaient forcément l'habitude de l'exécution d'un mouvement important :
Rompez le peloton, marche !

Ici se place un agréable incident, qu'il ne
m'est pas possible de passer sous silence. Les
officiers du 2e bataillon donnèrent un banquet
à tous leurs camarades, on fit bonne chère à ce
banquet, et au champagne le colonel prononça
un *speech* énergique et digne, dont la péro-
raison m'est seule restée présente : « Si nous
sommes vaincus, dit-il, du moins ne serons-
nous jamais battus! » Les officiers du 3e bataillon, dont la formation avait déterminé un mouvement important dans les cadres, assistaient à
ce banquet, où on fit plus amplement connaissance.

Après quelques jours, le 1er et le 3e bataillon
reçoivent enfin des *chassepots et des tentes*; tous
deux durent faire un rude apprentissage du
campement. Chaque soir, au retour de nos

reconnaissances pacifiques à travers la ville, il
nous fallait regagner le camp par la place
Misère, la bien nommée, où achèvent de s'écrou-
ler les derniers vestiges chancelants des anciennes fortifications, et bientôt nous laissions
l'art et la poésie, complétement embourbés, se
tirer comme ils pouvaient de la fange infecte et
gluante du polygone. Néanmoins, ce polygone
n'était si bien gardé qu'un grand nombre, après
l'extinction des feux, ne put revenir à Bourges,
où le bonheur de dormir dans un bon lit était
centuplé par l'attrait du fruit défendu.

Le 29 octobre, à l'heure où nous allions
d'habitude entendre, au café chantant de la
place Bourbon, la Thérésa du cru, miaulant sa
romance à succès, dont je suis bien désolé de
n'avoir retenu que le poétique refrain : *Taisez-
vous Joseph !* on vint nous avertir que le régiment devait quitter Bourges le lendemain, et
désormais faire partie de la 2ᵉ brigade de la
3ᵉ division du 16ᵉ corps, placé sous les ordres
du général Chanzy.

Par suite des pluies véritablement diluvien-
nes, le polygone était devenu inabordable et
inhabitable. Le régiment vint donc s'établir sur
la place *Misère* susdite, et, du coup, le *poste de
police* dut s'arranger pour ne point voir les malheureux noyés prenant d'abordage les maisons
voisines, tels que des naufragés qui ont enfin
rencontré une planche de salut.

Désormais, ce n'est plus qu'à de très longs
intervalles que nous pourrons profiter des dispositions hospitalières des habitants des villes
où nous pousserons les hasards de la guerre.
Sauf d'excessivement rares exceptions, nous lo-
gerons à cette auberge du bon Dieu, dont l'enseigne est presque aussi souvent menteuse que
les autres : *A la belle étoile.* On y loge d'ailleurs
à pied et à cheval.

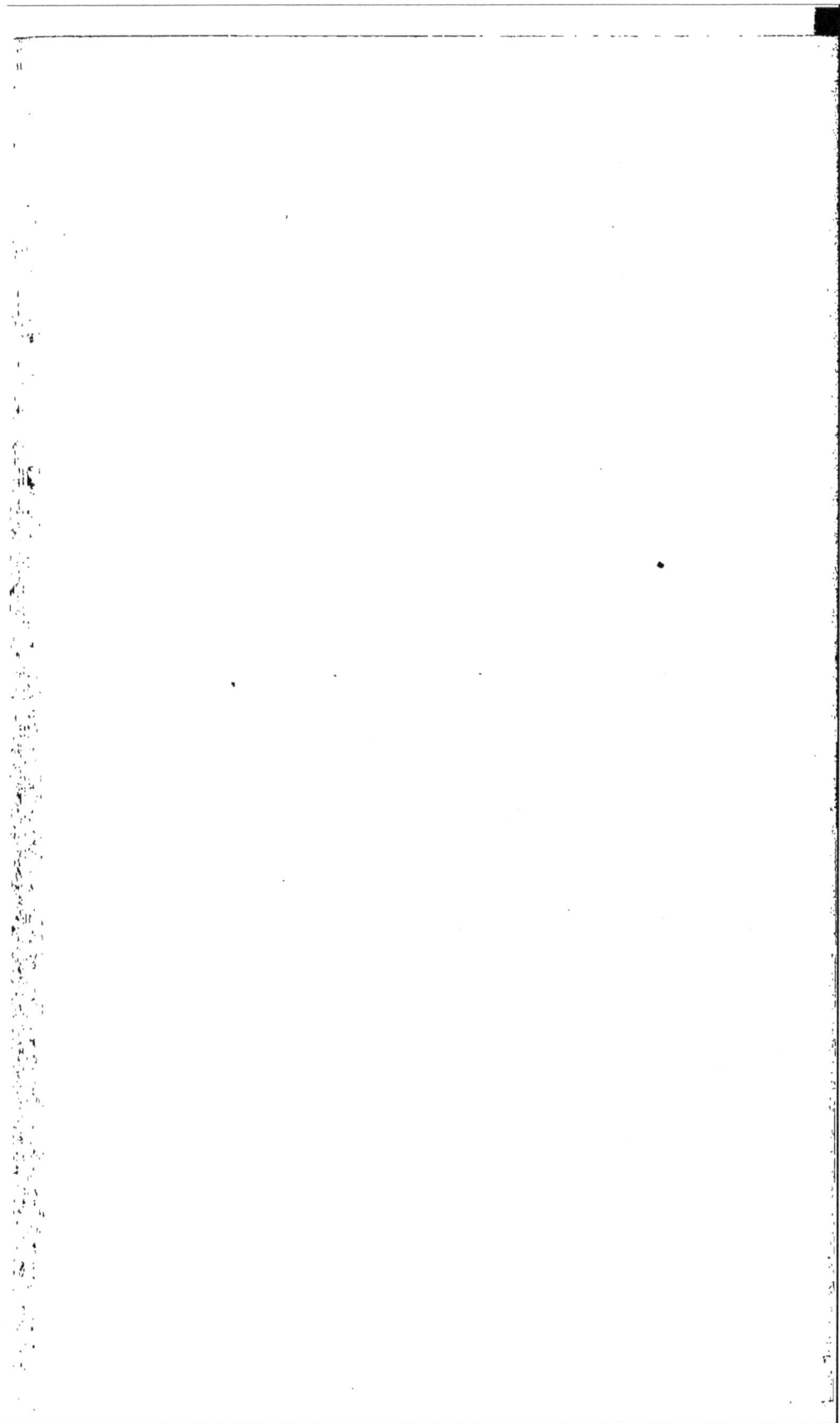

CHAPITRE IV.

Salbris. — La Motte-Beuvron. — Olivet. — Orléans.

Le lendemain, 30 octobre, vers huit heures du matin, le régiment faisait son entrée et se massait dans la cour de la gare, toutes les cataractes du ciel étant ouvertes.

Comme le train se formait lentement, on nous autorisa à laisser les fusils en faisceaux, sous la garde d'un poste nombreux, et à chercher un abri. Cependant, quelques-uns ont appris qu'un détachement de garde nationale et une brigade de gendarmerie gardent à vue, dans l'une des salles, six prisonniers prussiens du régiment des *hussards de la Mort*. Nous

allons aussitôt leur rendre visite ; et l'un de
nous qui germanise quelque peu, à grand ren-
fort de consonnes nasales et d'engouffrements
gutturaux, leur fait subir un interrogatoire
dans lequel ils nous racontent leur histoire et
nous apprennent qu'ils sont originaires du
duché de Posen. Ils se sont laissés prendre aux
environs de Pithiviers, dans une reconnaissance,
où ils ont rencontré nos chasseurs d'Afrique
qui leur ont montré de beaux coups de sabre.
Peut-être, ce qu'ils ne disent point, s'étaient-ils
attardés à étudier le mécanisme d'une pendule
ou à inventorier le contenu d'une armoire.

> Dans le service de la... Prusse,
> Le militaire n'est pas riche,
>   Chacun sait ça !
> Mais si sa solde est trop légère,
> Il s'en console, et c'est la guerre
>   Qui le paiera.

Ces hommes, que notre imagination a grandi,
n'ont en réalité ni la taille ni la tournure de héros, sous leur sombre costume, lugubrement

orné des têtes de mort et des os croisés qui font
la décoration de nos cénotaphes ; courts et
trapus, rien ne rappelle en eux la désinvolture
facile et la *sveltesse* de nos élégants et hardis
cavaliers.

Mais voilà le train formé ; au premier appel
du clairon on accourt, on monte en wagon, on
s'installe, et comme la pluie bat les vitres, que
le paysage est voilé de brume, on s'empare de
ce prétexte pour faire un somme jusqu'à Salbris,
où nous arrivons à la nuit. Une route qui traverse le bourg nous conduit au camp, dont les
feux de bivouac font naître à l'horizon le reflet
d'un immense incendie ; on dresse les tentes à
la hâte. C'est une joie aisée à comprendre que
celle que nous éprouvons en rencontrant sous
nos pieds, encore tout alourdis de la boue tenace
du polygone de Bourges, un sol sabloneux,
ferme et élastique, qui va être un excellent
sommier pour notre lit de paille de blé noir.

Salbris est situé en plein cœur de cette Sologne dont l'infécondité et l'insalubrité sont

proverbiales. C'est un gros bourg de misérable apparence, quoiqu'il soit le centre d'un commerce assez important. Sa mine chétive ne contraste point d'ailleurs avec l'aspect de l'aride nature qui l'entoure, et sur laquelle une lutte acharnée a pu conquérir une étroite lisière de prairies où croupit la *Sauldre*, dont les eaux tourbeuses s'écoulent sans murmure au travers des herbes et des joncs. Comme jadis Louis et Carloman, qui s'assirent simultanément sur le trône, la fièvre intermittente et la fièvre paludéenne se partagent ici l'empire en bonnes sœurs. Elles règnent sur ces landes à sous-sol argileux et imperméable ; elles planent sur ces étangs que dessèche l'été et dont les plages vaseuses dégagent alors des miasmes délétères qui vont semer au loin la souffrance et la mort. Les malheureux indigènes, au sang appauvri par une mauvaise nourriture presque exclusivement composée de raves, de pommes de terre et de blé noir, sont livrés sans défense à la contagion, et sous l'insuffisant abri de leurs froides et malsaines chaumières aux murs en torchis de foin ou de paille, languissent en proie au marasme de la maladie, apathiquement résignés.

Depuis quelques années on a. cependant beaucoup fait pour régénérer ce pays : déjà le creusement de canaux d'assainissement et d'irrigation, l'ouverture de nombreuses voies de communication destinées à faciliter l'importation des engrais et des amendements exigés par l'agriculture, qui a rencontré sur ce triste terroir des adeptes intelligents et courageux, permettent d'entrevoir, dans un avenir moins sombre, mais à la vérité encore un peu éloigné, un jour où sera du moins ménagée la transition si brusque de ces terres ingrates aux riches plaines voisines du jardin de la France. Avec le poëte, pour lequel une étrange harmonie réside dans la plainte du vent à travers les sapinières et les roseaux, et qui, dans ces rigides bruyères et ces eaux mortes, trouve une palpitante élégie, les chasseurs, compagnons moins mélancoliques, seront seuls à regretter les

landes à perte de vue, les marécages, stations
chères aux peuplades d'aquatiques émigrants,
et les maigres taillis, si giboyeux pourtant, où
nous glanâmes quelque diversion à notre fasti-
dieux ordinaire.

Le petit été de la Saint-Martin nous avait ici
guettés au passage, rencontre d'autant plus
agréable qu'il n'était point possible de se sous-
traire à la tente, sous laquelle nous retenait et
le devoir et l'impossibilité de trouver un abri
plus confortable. La tente des officiers contient
pour l'ordinaire trois habitants, au travers desquels se prélasse un quatrième hôte importun
et fort peu accommodant. Je veux parler du bâton du milieu. Avec celui-là, pas d'entente à espérer ; et songez qu'il est tout prêt à se venger
de la moindre atteinte par un cataclysme qu'il
retient supendu sur nos têtes comme une épée
de Damoclès. La toile, d'ailleurs assez bonne
personne, pourvu qu'elle ait été bien étirée, se
montre aussi parfois d'une susceptibilité de
sensitive. Vienne la pluie, et au moindre attou-

chement, tout au rebours de la fleur qui se resserre, elle se relâche ; gare alors à la gouttière ! tout contact détermine une fontaine.

Après deux jours nous levâmes le camp, placé en arrière de Salbris, pour aller nous établir à quelques centaines de mètres en avant, à la gauche et le long des clôtures du chemin de fer. Nous n'avions gagné à ce déplacement qu'un service de grand'garde, pour lequel se succédaient les trois bataillons.

Le 8 novembre ordre nous fut donné de nous tenir prêts à partir le lendemain avant le jour. Le 9, vers trois heures du matin, les feux s'allumaient, les cuisiniers se mettaient à l'œuvre, et à cinq heures, convenablement lestés, les tentes ployées, nous nous rangions sur la route parallèle à la voie ferrée. Bientôt apparaissent les voitures du convoi que nous devons escorter. Nous partons alors, sous la protection d'une forte avant-garde et de flanqueurs. Le jour venu, le soleil nous tient rigueur, ses rayons ne peuvent percer l'épaisse couche de

5.

brouillard glacé qui nous enveloppe et habille
de givre étincelant les arbres et les haies. Nous
traversons, sans nous arrêter, Nouan-le-Fuse-
lier (1) aux maisons noires, d'où surgit un
lourd clocher sans caractère et sans cachet, et
nous n'apercevons pas le plus petit bout d'aile
des abeilles dont l'éducation, paraît-il, se pratique ici sur la plus grande échelle. Puis, après
une étape de quinze à seize kilomètres, nous
atteignons la Motte-Beuvron.

Dès les premières maisons, nous prenons, à
gauche, un chemin de traverse qui aboutit au
parc de la ferme *ex-impériale*, dans lequel
nous allons camper. Les tentes dressées, chacun
a la liberté de vaquer à ses affaires ou à ses
plaisirs, et la ville est bientôt envahie. Celle-ci
est entachée de l'endémique vulgarité dont sont

---

(1) Dans l'opinion de plusieurs antiquaires, et notamment de M. Amédée Thierry, Nouan serait le *Noviodu-*
num des *Bituriges* que des études plus récentes pré-
tendent retrouver plus loin, à Pierrefitte-sur-Sauldre.
(CÉLESTIN PORT. *de Paris à Agen*.)

affligées toutes ses congénères de moderne création ; et n'étaient les quelques masures préexistantes, un peu pittoresques et ayant du moins une physionomie particulière, au milieu desquelles serpentent des ruelles tortueuses, on n'y verrait que le produit de cette *monomanie maçonnique* rectiligne et uniforme, pour l'appellation de laquelle on serait tenté d'introduire un nouveau vocable au Dictionnaire de l'Académie : l'*haussmannisme*. L'église, et la mairie particulièrement, avec son accompagnement de tours à créneaux et à mâchicoulis si grotesques de prétentions féodales, sont du plus mauvais goût. La brique en a d'ailleurs fait tous les frais.

Ah ! ces fiers barons du moyen âge, les Guichard-Dauphin, les Lévi-Ventadour, les Duras dont plane encore ici le souvenir, construisaient plus solidement leur aire. C'est cependant sur les ruines de leur manoir qu'on a bâti le château actuel, qui ne manque de grâce ni d'élégance et contraste ici comme une eau forte de de Bellée à côté d'images enluminées d'Épinal.

La ferme, dont assurément nous ne prétendons point contester le salutaire exemple ni l'heureuse impulsion qu'elle a donné au développement des saines doctrines agricoles, nous a semblé avoir sacrifié tout autant à l'agrément de la perspective et du point de vue qu'à l'installation pratique et utilitaire et à l'application des sérieuses théories. On a trop cherché à atteindre les sommets de l'art. Une démonstration plus simple, plus terre-à-terre, aurait eu, peut-être, une plus puissante autorité : l'évidence.

Que ce jugement soit sans appel, il y a de fortes raisons de ne le point croire ; et, en tous cas, on pourrait arguer, pour l'infirmer, de la rapidité de nos explorations qu'interrompit une pluie battante, et des distractions incessantes où nous plongea le grondement lointain du canon, dont les vibrantes détonations se succédaient presque sans intervalle. C'étaient,

nous l'avons su depuis, les derniers mots de
cette bataille de Coulmiers qui fut l'un des
rares, le presque unique épisode de cette longue épopée, où le sang français ne fut pas
versé sans profit, et où, du moins, alors qu'il
s'agissait de compter les cadavres livides sur
lesquels était descendu le prestigieux reflet de
la victoire, un sentiment d'orgueil national et
une divine lueur d'espérance enlevaient un peu
de son amertume à l'horrible impression qui
étreignait les cœurs.

Le lendemain, 10 novembre, nous partons
pour la Ferté et Olivet. Le sens de ce mouvement aussitôt compris, nous sentons nos âmes
remplies de la généreuse ivresse que verse le
triomphe.

Hier fut donc bien décidément pour nous
un jour de victoire, demain, vengeurs de
nos frères, nous entendrons résonner sous nos
pas le sol qu'ils ont ensanglanté. Bientôt notre
élan superbe refoulera ces hordes sauvages
jusqu'au pied des remparts de Paris, où s'étein-

dra, avec l'écho de leur dernier cri, l'effort suprême de leur rage expirante.

Hélas ! hélas ! . . . .

En attendant, il continue à pleuvoir à verse jusqu'à la Ferté-Saint-Aubin (c'est beaucoup de deux noms pour pareille bicoque), où on nous autorise à stationner, deux heures durant, dans une prairie inondée qu'agrémente un moulin à vent, sous lequel nous ne saurions nous abriter tous. Aussi *poussons-nous une pointe* vers la ville, pour y déjeuner de salé cru et de beurre rance. Dans cette agréable occupation les heures s'écoulent rapides ; si bien qu'on se retrouve juste à temps à son rang quand la colonne se remet en marche. Nous avions pu, bien souvent, constater la véracité du dicton populaire qui prétend que petite pluie abat grand vent ; mais, cette fois, ce fut petit vent qui abattit grande pluie, il était très piquant ; néanmoins nous lui sûmes bon gré de mettre un terme à cet arrosement et de chasser au loin les nuages dont un rayon de soleil vint un instant dorer la frange noire.

A partir de la Ferté, la route, toujours large
et belle, s'accidente légèrement, et les alentours,
mieux cultivés, ont une physionomie moins
élégiaque. Cependant, à mesure que nous avancions, les champs voisins gardaient plus accusées
les traces de récents campements, mieux indi-
qués encore par la présence de quelques cadavres de chevaux au-dessus desquels planaient
déjà de voraces convives. C'est à cette vue que
l'un de nos mobiles fit un de ces mots caractéristiques de l'esprit français, dont la gaieté nar-
quoise trouve à s'ébattre au milieu même des
spectacles qui semblent le moins faits pour
l'inspirer : « Oh! dit-il les apostrophant d'un
ton mélodramatique avec le geste à l'avenant,
dormez, dormez en paix ; et qu'ils vous soient
légers ces corbeaux qui s'acharnent à vos maigres carcasses, innocentes et infortunées victimes du *oui!* »

Cette réminiscence plébiscitaire eut un grand
succès d'hilarité. Succès prolongé, car bien long-

temps après, lors des cruelles fatigues de notre
pénible retraite de Château-Renault à Laval,
lorsque tombait épuisé et se couchant pour
mourir quelque ruminant de notre ambulante
boucherie, il n'était pas rare d'entendre nos
soldats dire, tout en rajustant les courroies
relâchées de leur sac, et en lorgnant la pauvre
bête avec une commisération très équivoque :
« Encore une victime du *oui!* »

Est-ce à dire que, déjà familiarisés avec ces
lugubres images de la guerre, nous n'éprouvons
plus à leur aspect cette émotion douloureuse
qui doit s'emparer de tout homme dans l'âme
duquel n'ont point été détruites et la sensibilité
naturelle et cette grande idée innée de la fraternité des peuples qui fait de tout ce qui rappelle ces odieux égorgements une sinistre évo-
cation ? On aurait grand tort de le penser. D'ailleurs, ce n'est point ici un champ de bataille ;
mais, quand bien même! Pour ceux qui, poussés
dans la lutte sans l'avoir demandée, ont autre
chose à faire que de méditer des théories phi-

lantropiques; pour ceux qui vont portant le
double poids de l'éreintement physique et de
la lassitude morale; pour ceux enfin qu'attend
peut-être une fatale rencontre au prochain détour du chemin, ne croyez-vous pas que ce
soient deux bonnes compagnes de voyage que
l'insouciance et la gaieté?

Le ciel, un moment découvert, s'était de
nouveau voilé, abaissant sa sombre voûte et
déversant sur nous une neige mêlée d'eau glacée
qui nous transperçait. Nous marchions enveloppés dans l'ombre d'une nuit sans lune et sans
étoile, et nous commencions à nous demander
quand finirait cette étape, lorsqu'on commanda :
Par file à droite. Mouvement qui nous conduisit
dans un bois de sapins, où nos logements étaient
retenus. Ce dénouement, je l'avoue, nous paraissait fort triste, et nous étions en veine de broyer
d'assez noires idées lorsque nous constatâmes
la présence à terre d'un grand nombre de fagots,
très probablement destinés à un autre usage.
Mais personne ne s'avisa qu'ils n'eussent point

été déposé là tout exprès pour nous, et je vous
jure que ce fut une belle illumination. Les branches résineuses brûlaient en pétillant, nous en-
veloppant de leur fumée odorante, et nous cou-
vrant du rouge éclat de leurs gerbes de flammes,
dont la teinte aux changeants reflets défierait un
pinceau magique. Dessinées au caprice de la
lumière et au hasard de la pose, mille ombres,
naines ou gigantesques, apparaissaient, passaient, repassaient, comme entraînées dans une
sorte de danse Macabre, autour des chaudières
qui réveillaient le souvenir de quelque cuisine
horrible, dans le genre de celles des sorcières
de Macbeth. Rassurez-vous, lecteur, la nôtre
était moins fantastique, quoique la neige fondue
y remplaça désavantageusement l'eau qu'on
n'avait pu découvrir.

Tout à coup une grande rumeur se répand :
l'un de ces fureteurs, dont le flair presque ins-
tinctif n'est jamais en défaut, vient de rencontrer une énorme meule de paille, meule bénie,
qui devient aussitôt le but d'un dévot pèlerinage

auquel l'enlèvement du dernier fêtu met seul
un terme. Puis chacun se glisse sous sa tente,
où malgré le vent, le froid et la neige, la fatigue
a apporté le sommeil. Le sommeil, cet armistice
aux combats de la vie, disent les poëtes.

Le lendemain, 30 novembre, après un déjeuner sommaire, composé de la même neige
étendue de café, nous plions les tentes et nous
partons. A deux kilomètres environ on rencontre Olivet, dont la traversée s'opère par une
longue rue qui n'est, à proprement parler, que
le prolongement du faubourg Saint-Marceau
d'Orléans, dont le sépare seul un pont en bois,
étroit, coupé et provisoirement rétabli, que
doit remplacer une construction plus solide en
pierres de taille, dont, en amont et à quelques
mètres, les piles élancées apparaissent au-dessus
de l'eau. Naturellement les travaux sont sus-
pendus et les matériaux encombrent les alentours. Notre marche en est retardée et la pluie
incessante irrite encore notre impatience. Dé-
gagés enfin, nous poursuivons par le milieu de

quelques jolies villas et d'une suite non interrompue de riches pépinières qui parent les
abords de la grande ville.

L'entrée du pont d'Orléans est gardée par la
statue de Jeanne d'Arc, qu'exécuta M. Gois, en
1804, et sur laquelle pèse tout le poids d'un pro-
gramme imposé : affublée d'un costume invrai-
semblable, coiffée d'une toque empanachée, la
pucelle à l'air d'un page effronté, et nul assurément ne s'est représenté la simple vierge de
Domrémy dans cet appareil et avec ce geste
théâtral. Au reste, les critiques nombreuses
dont cette œuvre a été l'objet nous dispensent
de préciser la nôtre davantage.

Nous entrons par la rue Royale, la place du
Martroy et la rue Bannier, pour aller rejoindre
le boulevard Saint-Jean, où nous aurions campé
si toutes les maisons ne s'étaient ouvertes pour
nous recevoir avec un chaleureux empressement que nous avaient fait espérer à l'avance
les cris de : *Vive la France ! Vive la mobile !* dont
on nous saluait sur notre passage.

C'est, en somme, une assez triste ville que cette ville d'Orléans, mal nettoyée des Prussiens qui, à moins de soixante ans d'intervalle, l'ont deux fois souillée de leur présence. Mais nous ne nous laisserons pas entraîner à en médire, car nous y avons été trop bien reçus. Son origine se perd dans la nuit du temps, et si nous lui avons contesté la gloire qu'elle revendique, avec une certaine âpreté, d'avoir été *Genabum*, nous sommes tout près de convenir qu'elle eût probablement, dès cette époque, une importance qui pouvait la mettre en relief, si les événements s'y fussent prêtés. Sans rentrer dans une discussion depuis si longtemps pendante (1), et quelle qu'ait pu être l'existence d'Orléans avant la conquête des Gaules par César, problématique ou démontrée, il semble

---

(1) L'atlas de A. Houzé nous montre la Gaule, sous Gratien, 380 ans après Jésus-Christ, divisée en 17 provinces, dont l'une, *Lugdunensis quarta*, contenait le territoire des *Aureliani*, tribu évidemment issue du

que cette plaine basse et fertile, arrosée par un
beau fleuve qui d'ailleurs ne rappelait en rien le
Tibre limoneux, et que protége des souffles
glacés du Nord une ceinture de collines ondu-
leuses, dont l'abri lui crée un climat tempéré,
devait attirer plus irrésistiblement ces exilés du
soleil d'Italie que les rudes Gaulois, guer-
royeurs, dédaigneux de l'agriculture et du bien-
être, qui choisissaient de préférence, pour l'établissement de leurs grossiers *oppidums*, les
hauteurs abruptes d'où l'ennemi s'apercevait
de plus loin.

Au reste, le plus succinct précis historique
d'une ville si intimement mêlée aux gloires et
aux revers de la patrie nous forcerait à sortir
du cercle que nous avons tracé autour de nous.
La plus brève description de ses monuments

---

puissant peuple des *Carnutes* ; mais qui, dans un but
courtisanesque fort commun alors, avait accepté ou
pris un nom romain. Ce qui devait plus attirer la faveur
des empereurs que le souvenir des représailles attaché
aux ruines de *Génabe*.

nous emporterait au delà des limites que nous
nous sommes interdit de franchir. La cathédrale exigerait à elle seule une étude dispro-
portionnée avec le temps que nous pouvons
consacrer à cette *reconnaissance intra muros.*
Produit singulier des accouplements les plus
inattendus, elle réunit les diverses conceptions
du génie de plusieurs siècles, qui, sans liaisons
possibles apparentes entre elles, n'en forment
pas moins ici un ensemble d'une indiscutable
grandeur.

En revanche, la statue équestre de Jeanne
d'Arc, érigée en 1855 sur la place du Martroy,
nous réservait une déception. La jeune guer-
rière est trop carrément assise sur ce lourd
destrier normand, dont l'épaisse encolure se
ploie avec peine en une *courbette* sans grâce.
Ses yeux, levés au ciel, n'ont pas l'expression de
divine inspiration qu'on leur voit en rêve. *Ses
voix semblent l'avoir abandonnée,* et il ne paraît
pas que M. Foyatier les ait entendues. On serait
tenté de croire que Dieu, jaloux de son œuvre,

a ôté aux hommes le pouvoir de reproduire
cette angélique figure, au front de laquelle
il laissa tomber l'auréole des prédestinés et des
élus.

Notre séjour à Orléans ne fut pas de longue
durée. On redoutait sans doute de nous voir
amolir dans les délices de cette nouvelle Ca-
poue, et dès le lendemain on nous renvoya à
Olivet.

Nous nous installâmes donc, le 12 novembre,
à un kilomètre en arrière des premières maisons, dans un taillis peu fourré, mais dont la
pousse déjà haute recouvrait nos tentes. Le
soleil nous fit fête en ce bois, et bien qu'une
gelée assez forte eût durci la terre et revêtit
chaque matin la plaine d'un manteau d'argent,
il pouvait encore, vers midi, faire pénétrer jusqu'à nous quelques tièdes rayons, dont l'éclat,
empourprant l'horizon, y faisait épanouir dans
toutes leurs grâces les mélancoliques sourires
de l'hiver.

Olivet n'a rien d'attrayant; c'est une célébrité

fromagère et aussi vinicole, quoique sous ce dernier rapport sa réputation ne s'étende guère au
delà des limites d'un arrondissement. Pour n'y
pas être embarrassé de la dépense des heures, il
aurait fallu pouvoir aller visiter les rives ombreuses du Loiret qui prend sa source, à trois
lieues de là, dans le parc même dépendant d'un
château où le prince d'Eckmühl signa, en 1815,
le licenciement de *l'armée de la Loire* Ce nom
ne porte pas bonheur!

Le 13 novembre, M. l'abbé **Fagois** célébra
dans le camp le saint sacrifice de la messe, et
de l'humble autel dressé parmi nos tentes, jeta
au travers de cet appareil guerrier la superbe
parole : *Pax Domini sit semper vobis cum !* Heureux sont ceux qui la possèdent cette paix
du Seigneur, et marcheront au combat l'âme
abîmée dans cet ineffable repos... Heureux ceux
qui, par delà ce monde et sur le bord du sé-
pulcre entr'ouvert, espèrent et attendent les
félicités infinies!...

Je ne suis pas de ces philosophes qui, trou-

6

vant Dieu trop à l'étroit dans nos cathédrales, pensent que la nature est le seul temple où puisse se révéler son immensité. Jamais la prière ne m'a semblé plus belle que lorsqu'elle s'élevait avec les cantiques, mêlée aux graves et pénétrants accords de l'orgue dont la note prolongée allait s'éteindre en soupirant dans la profondeur des voûtes; et cependant jamais la pompe des cérémonies catholiques n'a rempli mon cœur de plus vives émotions. De cette coupole azurée qui s'arrondissait sur nos têtes inclinées, nous voyons distinctement descendre la bénédiction du Dieu des batailles; et quand nos pensées, un moment emportées loin de la terre, venaient doucement s'y reposer, c'était pour y retrouver la chère image de celle qui, la première, nous apprit à bégayer d'une voix enfantine : *Notre père qui êtes aux cieux.*

Cette journée devait doublement marquer dans notre histoire. Le colonel passait la revue de son régiment. Les rangs s'étaient formés dans une vaste pleine, où la lumière, abondante

et pure, provoquait de toutes parts le scintille-
ment des armes éclatantes. Un instant, le silence planait sur les lignes sombres et immobiles; puis, au bruit des commandements partout répétés, commençait le défilé, pendant
lequel nous nous sentions pénétrés du sentiment de la grande tâche qui nous était réservée.
Ce n'est déjà plus cette *foule* armée sur laquelle,
au départ, il semblait impossible de fonder aucun
espoir; l'âme des ancêtres vibre encore en nous!
En découvrant ce qu'ont pu faire quelques
semaines de ces jeunes hommes, précipitamment
arrachés à leurs paisibles occupations, on entrevoit combien eût été différent le résultat
final si, préparés de longue main, ils n'avaient
pas eu à tenir tête aussi à l'improviste à de
vieilles légions aguerries. Mais ce sera l'éternel
honneur de la France que d'avoir si longtemps
lutté avec la triple infériorité du nombre, de
l'organisation et de l'armement.

Le lendemain un fort détachement du régiment dut assister à une exécution militaire.

terrible spectacle dont le grandiose n'efface point l'horreur. Je ne sais plus si ce malheureux payait de sa vie un acte d'insubordination ou le vol d'une poule, et je ne veux pas contester la nécessité de ces grands exemples, qui doivent inspirer à tous la crainte et l'obéissance sans lesquels ne pourrait subsister une armée. On a dit assez, et je suis porté à croire, que la forte discipline qui maintient les Allemands sous sa verge de fer est l'indispensable condition du succès. Mais, si le code militaire de nos ennemis eût aussi sévèrement puni un si mince larcin, aucun des douze cent mille oiseaux de proie qui se sont rués sur nous n'aurait revu les bords peu fleuris de l'Elbe et de l'Oder; le dernier survivant de ces pillards se fut suicidé par respect et pour le plus grand honneur de leur discipline trop vantée.

Quand nous rentrâmes au camp, la tête de la colonne s'avançait déjà dans la direction d'Orléans, que nous devions, cette fois, traverser sans nous arrêter.

CHAPITRE V.

Au sortir d'Orléans, et alors que nous en-
trions, si je ne me trompe, dans la petite
commune de Saint-Jean-de-la-Ruelle, nous
rencontrâmes l'un de ces affreux tableaux, où la
guerre se montre dans toute sa laideur. Ce fut
ici le théâtre d'une horrible lutte, car il en avait
fallu déloger l'ennemi en lui arrachant le terrain
pied à pied. Les obus avaient effondré les toitures ; les volets déchirés, à peine retenus par
leurs gonds descellés, battaient les murailles ;
les portes enfoncées laissaient le seuil béant ; et
le vent qui s'introduisait en liberté par les fe-

6.

nêtres veuves de leurs vitres, éveillait sous les plafonds d'étranges plaintes. Le sol de la route défoncé, rayé de profondes ornières où apparaissaient parfois de sinistres taches, était jonché de débris, de tuiles, de plâtras, de pierres, de balles et d'éclats de fonte. Çà et là d'épouvantables loques, d'indescriptibles haillons traînaient dans la fange. A l'angle d'une maison, une main convulsive et ensanglantée, en essayant de retenir le corps qui s'affaissait, avait laissé une longue marque rouge. Partout régnaient la ruine et la désolation. Les tables d'une maison d'école, qui arbora en vain le drapeau des ambulances, avaient été renversées, entassées, hachées. Plus loin, dans une église inachevée, les légères colonnettes étaient brisées, la voûte percée à jour. Seul, préservé comme par miracle, le clocher élevait encore sur le champ de bataille l'immortel symbole de paix et de fraternité. Tout auprès, en effet, ensevelis à la hâte, et côte à côte, dormaient les morts des deux armées. Un léger surhaussement du terrain indiquait ces fosses communes qui les réunissaient pour le sommeil éternellement paisible du tombeau. Quelques-unes de ces fosses étaient marquées d'une croix formée de deux branches coupées sur un arbre voisin; et ces pauvres croix, grossièrement façonnées, nous semblaient la plus touchante, la plus éloquente épitaphe, la seule qui raconte bien, dans son simple langage, toute la vie du soldat; vie d'abnégation et d'humbles dévouements, qu'a couronné une mort héroïquement obscure.

Longtemps après nous apercevions, dans les champs qui bordaient la route et qu'avait labouré l'artillerie, des fermes brûlées dont les ruines fumaient encore, et des chevaux éventrés gisant près des affûts et des roues fracassées. A quatre heures du soir, nous étions arrivés à Saint-Péravy-la-Colombe dont les laides maisons, pour la plupart abandonnées, regorgeaient de soldats de toutes armes : fantassins, artilleurs et cavaliers qui à cette heure abreuvaient leurs montures efflanquées dans une

mare boueuse. Ceux-là avaient du moins les
écuries où s'abriter. Pour nous, nous allâmes
camper en arrière des murs croulants d'un
parc, et la pluie qui se mit à tomber avec violence nous força de dresser nos tentes en toute
hâte.

Nous restâmes trois longs jours à Saint-Péravy-la-Colombe, sans autre distraction que les
exercices journaliers, la surveillance de travaux de tranchées, hélas! bien inutiles, quelques promenades dans les allées du petit parc
dont nos soldats dévastaient les massifs, l'attente des événements et la vue du défilé des
reconnaissances, dont le service était fait par
de malheureux cuirassiers sans casque et sans
cuirasse. Le 18 novembre nous revenions sur
nos pas pour nous installer au large, dans la
plaine qui sépare les Barres de Boulay, son
chef-lieu de commune.

Le village des Barres, jusqu'où s'aventurè-
rent une fois deux ou trois *Ève* crottées, n'a
aucune ressemblance avec le *Paradis terrestre,* et

les fruits y sont plus rares encore que les arbres.
La pluie qui ne cessait de fouetter la toile de
nos tentes, nous y enfermait comme en une
prison et ne nous permettait point de longues
explorations aux alentours. D'ailleurs, nous
étions retenus par les exigences du service de
plus en plus compliqué. Puis, on le sait, les
paysages de la Beauce sont d'une uniformité
qui n'attire guère l'artiste ou le penseur. Néanmoins, l'aspect de ce pays a certainement son
côté poétique, sinon pittoresque. La poésie, à
vrai dire, n'en est saisissable précisément là ni
ailleurs; elle est partout, pour qui sait l'extraire
des larges horizons, des grands effets de lumière
et de cette infatigable et tranquille fécondité.

Sans doute on ne rencontre ici ni ces bos-
quets ombreux, ni ces fraîches rives, ni ces
eaux cristallines qui descendent en chantant
des côteaux alpestres, que les bruyères habillent de roses et que les genêts et les ajoncs
couronnent d'or, ni les chênes séculaires aux
formes étranges et tourmentées, ni les vertes

prairies, rien, en un mot, de ce qui fait l'en-
chantement de nos yeux dans notre pauvre
Limousin, si injustement calomnié et si charmant. On y chercherait en vain des tableaux
aussi variés, mais qui, nous sommes forcés d'en
convenir, sont empreints de plus de grâce que
de majesté. La compensation s'établit par
l'étendue de la perspective, la nouveauté de
l'aspect et l'intensité de la production. Nous
ne sommes les collaborateurs inintelligents de
la nature que lorsque nous essayons de la
violenter sans mesure et sans raison. Si elle
est toujours admirable dans sa spontanéité et
son indépendance, si elle est sublime jusque
dans les sables inexplorés du Sahara et dans les
glaces incommensurables des pôles, elle acquiert
un charme non moins incontestable au contact
et par la présence de l'homme, dont les bras,
soumis à la sévère et douce loi du travail, la
sollicitent sans cesse à de nouveaux enfantements. Et puis, y a-t-il aussi, peut-être, dans le
déploiement de cet attirail guerrier sur les

champs habitués aux pacifiques triomphes de l'agriculture, un contraste qui s'empare fortement des imaginations.

Cependant la pluie ne discontinuait pas de *battre la générale* sur nos tentes, qui s'en défendaient mieux encore que d'un vent glacé, toujours prêt à profiter de la moindre ouverture. C'est ce qui fait que j'ai trouvé déplorable l'une des raisons alléguées par le maréchal Bazaine pour se justifier de la capitulation de Metz, qui fut signée vers cette époque : « Les soldats, » dit-il, avaient beaucoup à souffrir sous leurs » petites tentes-abri. » Eh bien ! et nous, donc, monsieur le maréchal, est-ce que nous étions sur un lit de fleurs?

Boulay n'est éloigné des Barres que de deux kilomètres à peine et se compose d'une douzaine d'assez pauvres maisons, groupées autour d'une fort modeste église. Le tout couronne une ondulation du sol et se détache à l'horizon comme un blanc flocon d'écume au sommet d'une vague bleue. En avant du village, on poursuivait

encore avec une inexplicable persistance le
travail des tranchées au dehors desquelles nous
allions prendre position, le 24 novembre, à
quelques mètres de la ferme de Janvry, sur la
limite de la commune de Gidy. Nous inaugu-
râmes à Janvry un service de reconnaissances,
pour lequel chaque compagnie détachait à son
tour cinquante hommes qui, sous la conduite
d'un officier, s'en allaient au matin, longtemps
avant le jour, explorer les routes, les champs
et les sentiers, fouiller les habitations et les
bois jusqu'à trois kilomètres au-delà de nos
grand'gardes. Je ne sais si le rapprochement
de l'ennemi nécessitait ces précautions ; mais
on a été si souvent surpris qu'elles ne pouvaient
être inutiles, et c'était pour nous, en tous cas,
un complément indispensable de l'enseignement
théorique du *service en campagne*.

Nous atteignîmes ainsi le 30 novembre, où
nous arrivèrent enfin ces havre-sacs tant dé-
sirés ; ce fut à cet occasion une joie universelle.
Le sac qui, comme on le sait, de cuir ou de

toile, renferme le fameux bâton de maréchal est,
sans parler de sa commodité portative, la source
d'une foule de jouissances. Il sert de siége à la
halte et d'oreiller la nuit. Ceux qui ne l'ont
point porté ne sauraient nous comprendre. Eh
bien ! nous l'oserons dire néanmoins : le sac
est tout à la fois une science et un art. Une
science, par la multiplicité d'ingénieux calculs
qui doivent amener ce résultat d'y caser, en
ordre et à l'aise, trois ou quatre fois plus d'objets
qu'il n'en peut contenir ; un art, par la série
d'innombrables combinaisons architecturales
auxquelles se prête sa confection extérieure.
Car il est affranchi en campagne de la forme
réglementaire et devient éminemment fantaisiste, du moins dans la mobile. Ceux-ci (*appa-
rent rari*) sont carrés et corrects ; ceux-là
affligés d'un relâchement et d'une distension
générale. Il en est qu'une énorme marmite
surmonte d'un dôme majestueux ; quelques-uns
enfin affectent une structure pyramidale d'un
aspect tout à fait pittoresque. Pour cette édifi-

7

cation hardie, il faut entasser bidon, gamelle, boîtes de conserve, de graisse et de cirage. Il ne résulte, le plus souvent, de cet assemblage de matériaux sans consistance, qu'un édifice branlant, qui ne facilite guère la marche et oblige son auteur à de constantes préoccupations d'équilibre. N'importe, il sera toujours léger, voire pendant les plus longues étapes. Le possesseur satisfait cheminera allègrement, fier d'attirer ainsi les regards. Un pareil sac fait le bonheur et l'orgueil d'une compagnie, l'envie des autres. Mais ceci n'est rien ; le merveilleux de la chose et la morale de ces réflexions, c'est que Gall, Lavater et les phrénologues sont *distancés*. Pour l'observateur, en effet, pour le *physionomiste*, pourrait-on dire, il y a dans la confection de ce sac, où le soldat porte toute sa fortune, comme Bias, une révélation du caractère bien autrement sûre et précise que celle qu'on obtient au toucher des indiscrètes protubérances du crâne. Aussi risquerons-nous sans hésiter cette proposition : *Le sac, c'est l'homme.*

Depuis deux jours un grand vent glacial avait chassé les nuages, tandis qu'une forte gelée condensait ce lac de boue où nous ne surnagions qu'à moitié, et où P. F. fit une fois un si plaisant naufrage.

Le 1er décembre toute la division s'avançait en bataille sur Sougy, à peu près vers le milieu du jour, par un soleil superbe et par un *froid de plâtre*. La distance de Janvry à Sougy est d'environ six kilomètres. Nous allions à travers champs, les bataillons de front, formés en *colonne double*, avec l'artillerie dans les intervalles. Le général (1) était en avant, entouré de son escorte et précédé d'un cordon de cavaliers. Cet ordre de marche, si gros de présages, composait en ces circonstances et en ce lieu l'un de ces tableaux saisissants et grandioses, dont les plus brillantes revues ne reproduiront jamais la sombre et éclatante majesté. Un mo-

---

1) C'était le général Maurandy qui, depuis huit jours, commandait la division.

ment nous pûmes croire que *la poudre allait
parler pour nous*, suivant l'expression du troupier. Il n'en était rien cependant, un peu avant
le coucher du soleil nous nous arrêtions aux
abords de Sougy, et jusqu'à la nuit nous res-
tions sous les armes, écoutant le canon dont la
voix tonnante se faisait entendre à quelques
kilomètres, dans la direction de Terminiers. Il
est des heures où l'émotion enfonce un clou
dans la mémoire et y fixe un souvenir à tout
jamais. L'heure qui nous vit arriver à Sougy
était de celles-là, une anxieuse curiosité, un irrésistible désir de savoir et de connaître nous
attirait invinciblement vers le spectacle de ce
drame qui se dénouait presque à portée de
notre vue. Nous franchîmes en quelques pas la
distance qui nous séparait du sommet d'où le
village regarde au loin dans la plaine. Mais en
vain nous cherchâmes avidement des yeux les
bataillons invisibles sur lesquels pleuvaient ces
projectiles lumineux qui se croisaient en l'air.
Longtemps nous restâmes interrogeant ainsi

l'horizon, en proie à des sensations inconnues
et dans des alternatives de crainte et d'espoir.
Longtemps nous écoutâmes en nous s'agiter le
flot des funèbres pensées.

La nature, elle aussi, semblait s'attrister. Le
ciel, où s'étendait aux approches du soir comme
un long voile de deuil, était d'un bleu violacé
que tachaient, vers le couchant, de longs
nuages pourprés qu'on eût dit teints dans le
sang, et auxquels succéda, quand l'ombre eut
rétréci l'espace, la fauve et sinistre lueur des
incendies.

Je me suis souvent demandé depuis le
secret de l'attraction sous la puissance de laquelle nous étions retenus encore, quand la
flamme pâlissante de ces incendies n'éclairait
plus de sa vague lumière la terre ni les cieux,
et que partout le silence s'était fait. Peut-être
le mot de l'énigme est-il dans cet indestructible
instinct qui fit affluer aux jeux du cirque les
peuples antiques, et qui sans cesse pousse
l'homme à rechercher, dans la contemplation

de la mort, la solution de l'étrange problème
de la vie.

A ce moment même nous rencontrâmes un
autre problème presque aussi difficile à résoudre : il s'agissait de dresser nos tentes sur
un terrain durci, où les piquets ne pouvaient
mordre. Le vent, qui avait redoublé de violence,
renversait l'un après l'autre ces frêles édifices,
véritables châteaux de cartes ; et le plus grand
nombre dut s'estimer heureux encore de pouvoir entourer les feux d'une sorte de paravent
à l'abri duquel on attendit le lendemain, résignés sinon patients. Ainsi se passa cette nuit,
où le thermomètre descendit jusqu'à 24 ou 25
degrés au-dessous de zéro. Vers trois heures
du matin, alors que le sommeil était sur
le point de triompher de tous les obstacles, il
fallut replier les tentes, recharger les sacs, et
partir en toute hâte à peu près dans le même
ordre que la veille. Pendant cette marche fatiguante au sein d'une obscurité profonde, à travers fossés et sillons, où plus d'un se laissa

choir et se releva en murmurant un juron mal
étouffé, nous nous emportions en de terribles
imprécations (inarticulées) contre l'étrange
fantaisie du général qui nous avait fait prendre
un chemin aussi *accidenté*. Un instant nous nous
trouvâmes engagés dans un dédale de carrières
et de mares desséchées, bordées d'arbustes, dont
on avait grand peine à se tirer. C'est alors que
nous rencontrâmes la 7e compagnie du 3e bataillon qui, n'ayant pas été relevée de grand'garde,
nous attendait auprès des feux de son bivouac.
J'étreignis au passage les mains du capitaine
Bardinet et du sous-lieutenant Desgranges, ce
doux enfant de mon pays. Je ne devais plus les
revoir. Bientôt on rejoignit la route par laquelle l'artillerie et les convois nous avaient
devancés, et quand *la riante aurore apparut debout sur la cime des montagnes*, comme dit
Shakespeare, nous vîmes le premier rayon
matinal, écartant doucement un lourd rideau
de vapeurs, éclater dans les vitres et sur les
toitures de Terminiers.

Terminiers avait relativement peu souffert
du combat de la veille ; huit ou dix maisons à
peine étaient entamées. Mais en longeant les
murs à demi écroulés du cimetière, on apercevait les croix et les tombes renversées, où les
taches de sang, mal effacées, empruntaient un
aspect plus lugubre encore de ce lugubre emplacement. On nous arrêta non loin de là, une
heure nous était accordée pour faire le café, et
bientôt autour des feux rapidement allumés,
régnaient une animation, un empressement et
un entrain inexplicables, au sortir des fatigues
de la nuit précédente, pour quiconque ne connaît point cette souplesse et cette élasticité du
tempérament français qui puise dans la surex-
citation nerveuse une force presque surhu-
maine. Pour mon compte, j'errais alors assez
tristement en quête d'un déjeuner ; et déjà
j'avais parcouru vainement les trois ou quatre
rues du village, lorsque je rencontrai un ser-
gent de ma compagnie qui, aidé de quelques
camarades, venait de prendre d'assaut une

boulangerie. Il en rapportait un pain que nous partageâmes et qui, avec quelques bribes de *rillettes* découvertes au fond d'un pot graisseux, composa tout le repas que le commandant de Lamothe, l'excellent docteur Bouillé et celui qui écrit ces lignes arrosèrent d'une eau trouble et saumâtre et aussi d'une tasse de café fumant, qu'un autre sous-officier de la même compagnie parvint à grand peine à leur procurer.

Cependant l'heure était venue où nous devions recevoir ce baptême du soldat pour lequel, récents néophytes, nous n'étions que bien imparfaitement préparés. La division reformée était repartie. Devant nous se déroulait une plaine fertile, unie, assez brusquement relevée vers le nord, et dont la limite bornait étroitement l'horizon. Quelques cavaliers nous précédaient, devançant l'artillerie que nous suivions à un court intervalle. Bientôt ces cavaliers s'arrêtent, l'artillerie fait volte-face et prend ses positions. Nous avions atteint le rebord de la vallée profonde au fond de laquelle s'abrite

7.

Lumeau. Sur le versant opposé s'espaçaient,
échelonnés, les régiments ennemis dont les
armes resplendissaient aux rayons du soleil,
qui ne devait être, hélas! le soleil d'Austerlitz
ni d'Iéna. Soudain une détonation claire
et vibrante retentit, quelque chose passe sur
nos têtes avec un étrange sifflement, puis un
bruit sec se fait entendre. C'est le premier obus
qui éclate dans le verger enclos de murs de la
ferme voisine. Aussitôt, comme à un signal
attendu, l'atmosphère se remplit d'une épaisse
fumée, où percent des lueurs ardentes, et notre
premier bataillon se porte en avant à l'aide du
40ᵉ de marche qui, descendu dans le vallon,
répond sans s'émouvoir par une fusillade bien
nourrie. Nous avancions par une marche oblique qui forçait l'ennemi à rectifier continuel-
lement son tir, et à laquelle, très probablement,
nous avons dû de ne pas éprouver de plus
grandes pertes. Néanmoins, à chaque pas il
fallait resserrer les rangs pour combler un
espace vide. Un instant, le tir de l'ennemi, qui

aux obus venait de mêler des boîtes de mitraille, eut une terible précision. Nous traversions alors une sorte de chemin vicinal bordé
de hauts peupliers qui se courbaient, brisés sous
cette pluie de fer à laquelle nos blessés eux-
mêmes, tout sanglants, essayaient de se sous-
traire en rampant. Pourtant on avançait toujours, instinctivement serrés les uns contre les
autres. Les compagnies avaient perdu leur distance, et chaque projectile qui tombait sur cette
masse compacte y ouvrait de larges éclaircies.
Un peu plus loin nous arrivions enfin à la hauteur du 40° de marche, et nous pouvions nous
reformer à l'abri d'une maison entourée de
meules de paille, où semblait commencer le
village de Lumeau. L'ennemi n'était point dis-
posé à nous disputer ce terrain dans un combat
à l'arme blanche, car il s'éloigna précipitamment de plusieurs centaines de mètres et ne
s'arrêta, dans ce mouvement de recul, que
lorsque à demi masqué par deux bois qui
s'étendaient à sa droite et à sa gauche, il put

demeurer, presque hors de portée, sous l'efficace protection de sa foudroyante artillerie.
Nous marchâmes vivement alors vers le bois
qui s'offrait à notre droite dans l'intention de
nous y établir à couvert, forçant ainsi les ca-
nonniers prussiens à tirer au jugé, et de nous y
déployer en tirailleurs pour conserver notre
position, jusqu'au moment, qui ne pouvait plus
tarder, où on viendrait nous soutenir. Mais
dès que les premiers rangs s'approchèrent, essayant de gravir péniblement le revers glissant
du fossé, à l'autre extremité un éclair subit
s'alluma dans l'épaisseur du taillis, au bruit
d'un commandement rauque et sonore, et une
grêle de balles, heureusement assez mal dirigées, passa en sifflant sur nos têtes.

En même temps apparaissait sur les hauteurs de Villepion un régiment de cavalerie
qui, se déployant au galop, commençait un
mouvement tournant dont l'effet, s'il eût abouti,
eût été de nous refouler sous les feux croisés
de l'artillerie et de l'infanterie. De notre côté,

les dix-huit pièces de quatre qui, sous l'énergique direction du brave capitaine Rémy,
avaient véritablement accompli des prodiges,
étaient contraintes de se taire. Elles avaient
épuisé leurs munitions et se retiraient en
partie démontées. Rien désormais ne détour-
nerait plus les coups qu'allaient porter *soixante
pièces de douze admirablement servies, et largement approvisionnées, que l'ennemi pouvait opposer à notre seule division.* L'inquiétude qui
s'empara de nous en face de cette situation
critique, s'accroissait de la conviction acquise
d'une énorme infériorité numérique. Le 40ᵉ de
marche, cruellement éprouvé, s'éloignait laissant derrière lui le sol jonché de morts et de
mourants. La retraite paraissait donc impérieusement commandée. Elle commença tout d'abord
en bon ordre relatif, et bien que les hommes
fussent fortement impressionnés à la vue des
blessés qui s'agitaient dans les dernières convulsions de l'agonie, et dont l'un, horriblement
mutilé, suppliait d'une voix déchirante que

par grâce on l'acheva, elle se continua jusqu'à sept ou huit cents mètres dans une
attitude qui défiait la poursuite. Arrivés là,
nous nous trouvâmes acculés à un bois excessivement fourré et rempli d'arbustes épineux
qui le rendaient impénétrable. Tandis que l'ennemi y faisait pleuvoir une averse de projectiles, les compagnies prirent à droite et à gauche ; ainsi séparées, elles ne purent se reformer
assez mal qu'aux abords de Sougy, dont il
semblait que la marche de la nuit avait dû
nous éloigner davantage. Le spectacle qu'on
découvrait de cette hauteur n'était pas fait pour
nous rassurer. Le champ de bataille paraissait
désert. Le régiment n'était plus où nous l'a-
vions laissé. En effet, exaspéré d'une inaction
plus meurtrière encore que la lutte, le colonel,
qui d'ailleurs voyait toute la droite de la division débordée, venait de se jeter au-devant de
l'ennemi avec le 2ᵉ et le 3ᵉ bataillon, et par
cette détermination aussi sage que hardie pré-
venait sans aucun doute un plus grand dé-

sastre. Malheureusement un repli du terrain
nous masquait ce mouvement. D'autre part on
apercevait des régiments entiers qui se retiraient vers Patay (1).

On arriva bientôt à cette petite ville, et quand
on y eut acquis la triste certitude que le 71ᵉ
n'avait pas pris cette direction, on se replia

---

(1) Quelques semaines après avoir forcé les Anglais
à lever le siège d'Orléans (7 mai 1429), Jeanne d'Arc
les battait complétement à Patay. Voici à ce sujet ce
que rapporte un chroniqueur :

« A cette désastreuse époque, où la trahison d'Isa-
beau de Bavière avait livré la France aux Anglais, les
terres demeuraient pour la plupart incultes, et les
plaines de la Beauce étaient couvertes de tant de *ronces*
et de *buissons* que l'armée de la Pucelle et celle de
Talbot *s'y cherchaient sans pouvoir se rencontrer.* (Les
uhlans n'étaient pas inventés.) Le 28 ou le 29 juin
(1429), un cerf bondit tout à coup devant les seigneurs
français, qui s'élancèrent à sa poursuite et furent
entraînés jusqu'au milieu de l'armée anglaise qu'ils
chargèrent résolument. Derrière eux venait toute la
chevalerie de Charles VII, et l'armée française put,
dans ses fastes, inscrire de plus une glorieuse journée
sous le nom de bataille de Patay. »

jusqu'à Saint-Péravy-la-Colombe, où précédemment était établi le quartier général du 16ᵉ corps.

Je veux clore le récit de cette journée, récit duquel, on a dû s'en apercevoir, j'ai écarté toute fiction qui n'en pouvait qu'atténuer la palpitante réalité, par quelques vers dont la pensée naquit alors en moi. Ces vers n'auront besoin d'aucune explication ni d'aucuns commentaires, si l'expression n'a pas trop faiblement traduit le sentiment qui les a dictés.

LE CHAMP DE BATAILLE.

O muse des guerriers, muse aux hymnes sonores,
A la lyre de fer, muse à la voix d'airain,
Tu te plais au réveil des sanglantes aurores,
Et tu foules les morts le front haut et serein !

Tu tressailles au bruit des vibrantes cymbales
Qui nous atteint au cœur ; à l'appel des clairons,
Au grand cri des blessés, au sifflement des balles ;
Ton œil fauve s'allume à l'éclair des canons.

Dans les champs meurtriers ta joie est enfermée,
Quand un nuage ardent couvre les bataillons ;
Quand la bombe reluit, rouge dans la fumée ;
Quand les obus stridents sonnent leurs carillons,

C'est l'accompagnement fait pour tes chants sublimes,
Avec le sourd fracas des caissons embourbés.
Mais moi, muet d'horreur, je compte les victimes.
Sur le lit de mitraille, oh ! combien sont tombés !...

Les uns, près d'expirer, ont le regard farouche,
Leurs membres sont tordus par l'atroce douleur ;
Un *rictus* effrayant crispe leur froide bouche,
Quand sur eux du trépas se répand la pâleur.

Dans leur geste suprême ils parlent de vengeance,
Par un superbe effort relevés à demi,
Orgueilleux de mourir, criant : *Vive la France !*
Ils s'affaissent, le front tourné vers l'ennemi.

Oh ! combien, dont la main étreint encor les armes,
Gardent sur le visage une mâle beauté.
L'un parfois, sans soupir, sans murmure et sans larmes,
Soudain chancelle et tombe inerte à leur côté.

Il en revoit, peut-être, hélas ! folle chimère,
Cher, mais trompeur fantôme aux yeux pleins de douceur,
Au détour du chemin d'où l'on voit sa chaumière,
Venant, les bras tendus, une mère, une sœur,

Ou celle qu'en secret depuis longtemps il aime.
Paisiblement couché, comme un enfant qui dort,
Il repose, un sourire est sur sa lèvre blême;
Le rêve commencé s'achève dans la mort...

Dans la mort qui, sur tous, met son auguste empreinte,
Martyrs du saint devoir, noblement accompli,
L'écho frémit encor de leur dernière plainte
Et le temps, sur leurs noms, a roulé son oubli.

On n'enfouira pas leur cendre glorieuse
Sous un marbre pieux; c'est là qu'ils pouriront,
Pêle-mêle, jetés dans la terre poreuse.
Sur ce tertre, le soir, les corbeaux planeront.

Quelque jour, du printemps les suaves haleines
Courberont, plus pressés ici, les épis verts.
Laboureurs! la moisson sera riche en ces plaines,
Où votre pas se heurte aux crânes découverts.

O muse des guerriers, muse aux hymnes sonores,
A la lyre de fer, muse à la voix d'airain,
Tu te plais au réveil des sanglantes aurores,
Et tu foules les morts le front haut et serein.

Ne viens pas, secouant ta torche incendiaire.
Les cadavres sont froids sous d'horribles lambeaux,
O muse! et je ne veux dire qu'une prière,
Agenouillé sur leurs tombeaux.

CHAPITRE VI.

———

Beaugency. — Blois.

Le général Chanzy, avec tout son état-major, avait quitté Saint-Péravy. Mais nul ne put nous apprendre où s'était transporté le quartier général. Le 71ᵉ ne s'était point replié dans cette direction.

D'instants en instants arrivaient des détachements de toutes armes et de petits groupes isolés, tous en quête, comme nous, de leurs régiments respectifs, et, comme nous, égarés faute de renseignements et d'indications sur les points de concentration et de retraite. Irréparable omission, négligence impardonnable

dont notre inexpérience (et certes on aurait pu
le prévoir) allait multiplier les fatales conséquences, et plus tard permettre à nos détracteurs, qui ne s'exposaient point eux, de nous
poursuivre de leurs injustes et absurdes accusations.

On s'arrêta, il était nuit. La neige sous laquelle on devait retrouver le lendemain, survivant à une cruelle blessure, le pieux et brave
général de Sonis, commandant du 15e corps,
s'était mise à tomber comme si le ciel eût voulu
se hâter de couvrir d'un immense linceul cette
terre ensanglantée. L'obscurité rendait toutes
recherches difficiles et dangereuses. Le froid
était intense. Nos mauvaises chaussures, déjà
bien éprouvées, n'avaient pu résister à la marche
de la matinée dans les champs labourés, couverts de rudes aspérités et rendus plus rugueux
encore par la gelée; un grand nombre d'hommes
allaient à peu près nu-pieds; quelques-uns souf-
fraient beaucoup de blessures qui avaient paru
d'abord insignifiantes; tous étaient brisés de

fatigue. Après une nuit sans sommeil, nous marchions depuis *quatorze heures* et depuis *vingt-quatre* nous n'avions pris d'autre nourriture qu'une tasse de café dans laquelle nous avions trempé un peu de pain ou quelques morceaux de ce dur et fade biscuit qui seul alors nous restait des vivres de réserve, inutilement gaspillées avec tant d'imprévoyance.

On se coucha dans des granges, dans des étables, sur le sol humide ou le pavé froid et nu des maisons. Là, grelottant sous nos maigres couvertures, nous étions sans cesse réveillés d'un court assoupissement rempli d'oppressions et de songes funèbres. Si peu familliarisés avec les scènes de la veille, dont ne pouvait s'effacer le souvenir, il fallait nous défendre aussi des appréhensions du lendemain.

Ah! combien elle nous gardait de tristes révélations cette aurore dont malgré tout nous appelions le premier rayon terne et glacé! Avec elle devait s'accroître le deuil de la patrie, au-

quel allaient, pour nous, se mêler des douleurs
plus intimes. Où sont-ils, en effet, ceux dont
il y a quelques heures à peine nous pressions
les mains dans une si chaude étreinte, nos conci-
toyens, nos amis, nos parents, nos frères? Et
quelles victimes la mort s'est-elle choisi en
grand nombre?.....

Le jour vint avec une pâle lumière, sous un
ciel morne et blafard duquel semblaient em-
prunter une mélancolie plus profonde encore
ces grandes plaines mélancoliques, au travers
desquelles le bruit sourd et continu du canon
qui se rapproche prolonge son sinistre écho.

Quelques paysans venant de Coinces et de
Patay n'en apportaient que la confirmation du
désastre de la veille et la certitude que le mouvement en avant de l'ennemi s'accentuait de
plus en plus. Notre artillerie ne pouvait con-
tinuer longtemps ce duel par trop inégal. M. le
commandant de Lamothe eut bientôt pris son
parti : espérant qu'une concentration de l'armée
devant Orléans et en arrière de ces tranchées

si péniblement creusées était encore possible,
il pensa trouver en cette ville, où probablement
allaient se réunir les généraux, des indications
certaines et des ordres qui nous feraient promptement rentrer en ligne. Cependant la route,
libre encore, pouvait nous être coupée par l'ennemi d'un moment à l'autre. Le commandant voulant parer à toute éventualité, fit
former en colonne ce qui lui restait de son
bataillon, grossi d'un détachement des deux
autres, et nous conduisit ainsi, au nombre
d'environ huit cents hommes, à Orléans, où
nous entrâmes à la chute du jour, sous une
neige abondante mêlée de pluie. Pendant cette
marche très fatiguante, sur une route entièrement dépavée, nous n'avions pas un seul instant cessé d'entendre à notre gauche, toujours
plus vibrantes et plus distinctes, les tonnantes
volées de l'artillerie.

L'hospitalité des habitants d'Orléans ne se
démentit point en cette circonstance. Fussions-
nous revenus vainqueurs, ils n'auraient pu

mieux nous accueillir. Plus près du théâtre où venaient de s'accomplir de si malheureux évéments dont, ils ne l'ignoraient point, ils allaient avoir les premiers à souffrir, leur jugement, plus éclairé, devait être plus impartial, plus bienveillant ; et, à dire vrai, nous étions alors dans un état de détresse physique et morale bien fait pour inspirer la commisération. Hâves de froid, de fatigue et de faim, sous nos vêtements en lambeaux et souillés de bouc, nous apportions l'irrécusable témoignage de souffrances stoïquement endurées. Pour moi, dès que j'eus assuré le logement de ma compagnie (le capitaine avait été fait prisonnier à Lumeau), je me jetai tout vêtu sur mon lit et je m'y endormis d'un sommeil véritablement léthargique, dont je le crois le bombardement d'Orléans n'eût pu m'éveiller. Je n'avais pas fermé les yeux depuis soixante heures.

Le lendemain, 4 décembre, le jour à son lever nous trouva réunis sur le boulevard Saint-Jean ; un ordre de la place nous enjoi-

gnait de partir à onze heures pour les Ormes,
où nous devions retrouver le régiment. Mais,
hélas! les mauvaises nouvelles se succédèrent
avec une rapidité qui dépassait toutes prévi-
sions, et le commandant nous laissa plongés
dans de cruelles perplexités lorsqu'il nous apprit
que tout espoir était perdu, que rien, désormais,
ne pouvait sauver Orléans d'une seconde occupation. Notre itinéraire était changé. En nous
désignant Beaugency comme point de rallie-
ment du 16e corps, M. Dutheillet de Lamothe
nous fit ses adieux. Très souffrant depuis plusieurs jours, il se voyait contraint d'entrer dans
une ambulance. Il ne devait plus reparaître au
régiment, où nul mieux que moi n'a conservé
souvenir de cet officier distingué qui sut maintenir son autorité sans rudesse, et dans les exigences du service conserva ces formes affables
et polies qui, bien loin de provoquer l'insou-
mission, avaient établi du supérieur aux subordonnés de faciles relations dont la discipline
n'eut jamais à souffrir.

8

Deux routes conduisent d'Orléans à Beaugency. L'une, sur la rive droite de la Loire,
longeant la voie ferrée d'Orléans à Tours et
passant par Saint-Ay et Meung, paraissait présenter peu de sécurité. L'autre, sur la rive gauche, décrivant un léger circuit pour toucher
à Cléry, dont la vieille et curieuse basilique
garde le tombeau de Louis XI, puis Laily, où
fut enterré le philosophe Condillac, préférable
à tous égards, laissait entre nous et l'ennemi
une barrière infranchissable par cette rude
température : le fleuve, dans son lit, charriant
à pleins bords d'énormes glaçons qui s'entre-
choquaient à grand bruit.

D'ailleurs, *aucun ordre précis* ne nous était
parvenu. Les heures s'écoulaient néanmoins et
les troupes, qui par toutes les issues affluaient
dans la ville, la traversaient sans s'arrêter.
Remués par l'expression navrante qui se pei-
gnait sur la physionomie de la généreuse population qui nous entourait, où peut-être cédant
à l'un de ces mouvements de rage et de déses-

poir qui peuvent changer un combat en l'une
de ces luttes épiques où le vaincu s'acharne et
succombe sans crier merci, nous remontâmes
le boulevard et nous allions résolument prendre
position dans les jardins et les vignes qui s'é-
tendent de la pointe du faubourg Saint-Jean au
prolongement du faubourg Bannier, lorsque
survint un officier d'état-major qui nous commanda de rétrograder.

Le pont unique n'était pas d'une facile traversée, aux abords se pressaient l'artillerie avec
ses caissons, les fourgons de vivres et de bagages, et plusieurs régiments ou escadrons de
cavalerie. Les canons, dont le précieux sau-
vetage présentait plus de difficultés et de lenteur, sans cesse arrêtés par l'encombrement,
passaient sur quatre rangs et de leurs essieux
rasaient les parapets. Les fantassins se glis-
saient dans les étroits intervalles, au risque
d'être écrasés. Pour nous, derniers venus, longtemps nous dûmes attendre, et le soleil descen-
dait rapidement, rougissant la cime des coteaux

qui nous faisaient face de la rive opposée, quand
nous nous engageâmes sur le pont. Nous l'avions
franchi et l'ordre se rétablissait dans la colonne,
lorsque l'ennemi hâtant sa poursuite et déjà
maître des hauteurs qui commandent la ville,
y établit deux ou trois batteries dont le tir tout
d'abord hésitant, mais bientôt rectifié, éclata
brusquement. Alors les chariots, accélérant
leur marche couvrirent toute la chaussée Les
cavaliers s'élancèrent au galop dans une indescriptible confusion. Le bataillon fut coupé, les
rangs rompus et la moitié environ, refoulée sur
la route d'Olivet, ne recevant que de mauvaises
nouvelles et des renseignements faux ou con-
tradictoires, s'égara jusqu'à la Ferté, la Motte-
Beuvron, puis Romorantin. Plus heureux, le
reste put rallier le régiment à Beaugency. Là
nous apprîmes, dans son ensemble et ses détails,
l'histoire de ces deux journées pendant lesquelles, après avoir couvert la retraite et vail-
lamment fait leur devoir, le soir du 2 décembre,
les 2ᵉ et 3ᵉ bataillons s'étaient repliés à Huêtre,

puis le lendemain à Boulay et, toujours pour-
suivis, avaient enfin, le 4 décembre, accompagné
le 16e corps dans son recul sur Beaugency.
Seule la journée du 2 fut cruellement meurtrière. D'ailleurs la retraite s'opéra en bon ordre,
et M. Moreau, capitaine de la 3e compagnie du
3e bataillon, y rencontra l'occasion de se distinguer en dégageant une de nos batteries sur
le point d'être enlevée par un escadron de
uhlans.

M. Moreau a depuis été justement récom-
pensé de son courage et de sa présence d'esprit
par sa nomination au grade de chevalier dans
l'ordre national de la Légion d'honneur.

Quand on approche de Beaugency, sur la
route de la rive gauche, et par l'un de ces
beaux jours d'hiver pleins de soleil qui sont
devenus si rares, on a un instant comme une
lumineuse apparition de l'Orient. Ces maisons
blanches, de forme antique, aux ouvertures
inégalement percées, groupées et étagées sur
une colline ardue, dénudée, dont çà et là perce

8.

la dure ossature, semblent reproduire tout à
coup, comme dans la rapide et fugitive fantaisie
d'un songe, quelqu'une de ces villes du littoral
algérien qu'on nous peint ainsi, éclatantes sur
une terre aride, baignées dans l'éternelle et
profonde limpidité du ciel. Mais le noir donjon,
dont la cime ébréchée domine de toutes parts, a
bientôt détruit l'illusion. Rien ne ressemble
moins, en effet, aux blancs minarets dont l'aiguille perce la coupole azurée des cités mau-
resques, bien que de nombreuses bandes de
corneilles bavardes, désormais seuls habitants
de ces étages effondrés, y croassent tout le jour
d'une voix plus rauque et plus enrouée que
celle des muezzins de l'Islam. Ce qui frappe le
plus dans ce paysage, c'est l'absence d'arbres et
de verdure. Vienne le printemps, et le décor
sera changé. Sur les pentes pierreuses, sur les
coteaux abruptes, le pampre déroulera ses
volutes et ses guirlandes. Au-delà, les blés
étendront sur la plaine leurs mouvants tapis.

Le pont par où nous entrâmes à Beaugency

a vint-six arches inégales, dont huit sont en bois. L'une de ces arches était déjà coupée, et c'est par un escalier ên planches, improvisé, et qui tremblait sous nos pieds d'une façon très inquiétante, que nous atteignîmes le quai planté d'ormes qui forme l'une des deux promenades de la ville. Le quai passé, on s'engage dans un dédale de petites rues étroites, tortueuses, montueuses, très mal pavées et inaccessibles aux voitures. Il y a là de quoi faire le désespoir d'une municipalité amie de la ligne droite et selon le cœur de feu Haussmann. Celles du bas longent d'étroits canaux, où les tanneries voisines trempent des peaux puantes. Après quoi on monte, on gravit, on escalade et enfin on rencontre une petite place que bornent, en face, l'*Hôtel de l'Écu*, quelques magasins à pauvre devanture, et un affreux café doré, sculpté, guilloché, surchargé d'ornementations, ruisselant de glaces et de verroteries, sali de peintures, d'amours boursouflés, de nymphes court-vêtues et de bacchantes déhanchées, exprimant sous leurs doigts malpropres le jus de grappes inimaginables dans des coupes impossibles. Ah! quel verjus et quel gâchis!

Ce ne sont que festons, ce ne sont qu'astragales.

Malheureusement le jardin manque pour se sauver au travers.

Nous trouvâmes là le colonel et nos camarades qui essayaient de se rattraper du mauvais déjeuner de l'hôtel à côté avec une tasse de moka problématique, véritable infusion de haricots.

Nous nous reposâmes toute la journée du 5 en parcourant la ville, on y rencontre à chaque pas traces ou débris d'anciennes fortifications, églises, abbayes, tours et murailles. Tout a croulé sous la pioche des démolisseurs ou les catapultes et le canon; car, de tout temps, on s'est terriblement battu à Beaugency.

Le château, qui est devenu le dépôt de mendicité, pour lequel on a élevé de modernes constructions bien appropriées à leur destination, est attenant au fier donjon mentionné plus haut et qu'on appelle improprement *tour de César*. Cette dénomination si répandue paraît étrange. Là, comme en maint autre endroit, on ne retrouve rien de romain. Mais c'est ainsi que, grossie par les imaginations et les récits populaires, la tradition lointaine s'accroît de telle sorte, que la légende, bientôt se mêle à l'histoire, le merveilleux fait place à l'impossible, et qu'à travers les âges se perpétue le nom d'un grand homme, dont le rayonnement repousse dans l'ombre des générations entières et dont l'œuvre immense est centuplée.

Dès l'entrée dans l'établissement, on aperçoit à droite le corps de logis construit par le célèbre Dunois (non pas celui qui part pour la Syrie). La belle mais sombre demeure était et est encore précédée d'un élégant pavillon qui sert de corps de garde. Au-dessus de l'une des fenêtres on peut lire la devise du bâtard d'Orléans : *Cor mundum crea in me Deus*, mon Dieu créez en moi un cœur pur. Et cette devise de nonne adoptée par un chevalier est répétée au bas

d'une fresque, dans un réduit qui a conservé le
nom d'*Oratoire de Dunois*. Ils avaient donc la foi
ces vaillants ? Ils priaient donc humblement
ces pourfendeurs toujours s'escrimant d'estoc
et de taille ? Qui sait !... peut-être croyaient-ils
encore au paradis et à l'enfer (ne fût-ce qu'au
paradis des braves et à l'enfer des lâches), à
l'honneur, à la gloire, au patriotisme, à la famille, à la mission divine de Jeanne d'Arc,
leur sublime et immortelle compagne, et autres
sornettes qui ne sont plus bonnes à raconter
aujourd'hui qu'aux petits enfants et aux vieilles
femmes, ou à combler les creux d'une procla-
mation aux phrases vides par un ou deux mots
sonores.

En lisant cette devise j'ai compris ces hommes simples et grands ; et c'est avec émotion
que je me suis souvenu de cette prière d'un
émule de Dunois, son contemporain et son ami,
au moment de livrer bataille, prière bien naïve
et qui jadis m'avait fait sourire : « Mon Dieu,
faites aujourd'hui pour La Hire ce que La Hire

ferait pour vous, s'il était Dieu et que vous fussiez *gendarme.* »

Le 6 décembre, vers dix heures du matin, le clairon retentit dans les rues de Beaugency et, bientôt réuni, le régiment vint prendre position en face de la route d'Orléans par Meung, celle de Châteaudun, et parallèlement à une troisième, celle de Jones. Le ciel était clair et le vent glacial. Libre de disposer sa troupe à son gré, le colonel avait placé ses trois bataillons en bataille et de front, c'est-à-dire sur une seule ligne; et, présentant ainsi une masse moins compacte, s'était couvert par une double rangée de tirailleurs. Cependant rien ne venait confirmer la crainte qu'on avait d'être attaqués. A peine quelques-uns de nos officiers munis de longues-vues purent-ils entrevoir au loin deux ou trois vedettes attentives. Devant nous les champs, les routes, les sentiers étaient déserts. Du côté de la ville régnait l'un de ces silences solennels, précurseurs d'orage, tout remplis d'anxiétés mortelles, de terreurs et d'angoisses.

Rien n'apparaissait néanmoins, et nous demeurâmes là immobiles jusqu'au soir.

Cependant les étoiles commençaient à scin-
tiller ardemment dans le ciel, dont aucun nuage
ne troublait la sérénité et où se déployait toute
la splendeur des belles et froides nuits de l'hiver. Le colonel craignait à bon droit d'avoir
été oublié. Il envoya chercher des ordres et
bientôt nous nous retirâmes pour aller camper,
à près de deux kilomètres en arrière, dans la
plaine où toute notre division était déjà ins-
tallée.

La terre durcie jusqu'à une grande profondeur ne permettait point de songer à dresser
les tentes ; d'ailleurs celles des officiers étaient
égarées avec tous leurs bagages depuis Sougy.
A grand'peine les hommes, étendant leurs toiles,
purent-ils se construire quelques abris contre le
vent. Pour moi j'errais à la recherche de
l'oreiller de Jacob, sans oser espérer ses songes,
quand je rencontrai le capitaine de Préaulx
confortablement assis sur une caisse vide de

biscuits. J'en acceptai avec joie la moitié simplement offerte, et m'enroulant dans ma cou-
verture devant un feu flambant d'échalas
arrachés aux vignes voisines, pour l'alimen-
tation duquel il était convenu que nous devions
nous relayer le capitaine et moi, j'essayai de
me convaincre de la vérité du proverbe qui prétend qu'une mauvaise nuit est bientôt passée.
L'expérimentation que j'ai pu renouveler souvent ne m'a point réussi, j'affirme que les heures
y comptent le double.

Pendant l'un de mes voyages à la recherche
du combustible, je m'entendis appeler tout à
coup par une voix connue. Dans le creux d'un
fossé m'apparurent des visages amis éclairés par
la flamme bleuâtre d'un punch. Je pris ma part
de ce cordial, près duquel je m'arrêtai assez
longtemps pour retrouver au retour mon malheureux camarade de lit complètement gelé et
débordant à mon endroit d'effroyables imprécations, dont l'excès embarrassait l'expression.
Assurément je sentais toute l'horreur de mon

9

égoïsme, mais qu'y faire! La gamelle était vide
et le feu éteint.

Quelques instants après, les premières lueurs
de l'aube blanchissaient l'horizon ; nous partions
pour Blois, suivant le convoi et précédant la
division qu'était venu grossir un nouveau régiment, le 36e de marche. De Beaugency à Blois
la route se prolonge toute droite pendant vingt-
huit kilomètres, à peu de distance de la Loire, dont
la rive sinueuse demeure néanmoins presque toujours hors de vue. Jusqu'à Mer, on ne rencontre
que quelques rares hôtelleries que le voisinage
du chemin de fer, plus encore que la guerre,
a fait désertes. Mer est un important chef-lieu
de canton, dont la population dépasse 4,000 habitants. Là, sans nous arrêter, nous ralliâmes
une centaine d'hommes égarés depuis Orléans,
qui d'aventure en aventure étaient parvenus à
retrouver nos traces. Dès lors.le pays devient
plus peuplé. Nous traversons ou nous entre-
voyons plusieurs bourgs : Suèvres, Cour-sur-
Loire, etc.; et après avoir dépassé le parc du

château de Ménars, qu'embellit plus encore que sa superbe végétation et son admirable situation la bienfaisance ingénieuse et infatigable de son propriétaire, M. le prince de Chimay (1), nous ne tardons guère à rencontrer cette belle promenade des *Allées*, que rejoignent et bordent les premières maisons de Blois.

L'origine de Blois est inconnue et n'est pas suffisamment démontrée par la savante étymologie qui fait dériver son nom du celtique *bleiz* ou *blaiz*, qui signifie loup. Il est probable, néanmoins, qu'en ces temps où la plus grande partie du territoire était couverte d'immenses forêts, ce pays, encore aujourd'hui si boisé, fut la retraite aimée des bêtes fauves. Dans tous les cas, le plus ancien emblème connu de la ville de Blois, datant d'un âge où le blason ne compor-

---

(1) Après avoir tenté plusieurs autres fondations, le prince de Chimay a établi dans les dépendances de son château un hospice pour les vieillards des deux sexes, une école primaire de filles et une salle d'asile.

tait point d'aussi indéchiffrables hiéroglyphes
que de nos jours, était un loup. Nous n'entre-
prendrons pas un précis historique qui serait
trop à l'étroit dans ces pages, nous contentant
de rappeler qu'après avoir été un *oppidum* gaulois, un simple *rendez-vous de chasse,* peut-être,
pour les louvetiers de ce temps-là, puis un camp
romain, plus tard une cité disparue, et enfin un
château fort, la ville se forma par la réunion de
trois bourgs qui s'étaient groupés au pied de la
forteresse, dans laquelle les habitants trouvaient
abri et protection alors que, dans leurs auda-
cieuses excursions, les Normands, remontant le
fleuve, portaient jusqu'au cœur des Gaules le
fer et la flamme.

Incendié et détruit plusieurs fois, Blois s'accroissait lentement sous le gouvernement de
ses comtes, dont le premier fut le célèbre comte
de Champagne, Thibaut le Tricheur. En 1391,
Louis de Châtillon, dernier rejeton de cette
puissante et vaillante race, étant mort sans postérité, son père, le comte Guy, vieux et perdu

de dettes, vendit ses domaines à Louis d'Orléans.
De cette époque date la prospérité de Blois, prospérité qui devait grandir encore quand le
comté tomba dans le domaine de la couronne.
Sous Louis XII, sous Charles IX, qui y con-
çut, dit-on, la première pensée de cette horrible massacre de la Saint-Barthélemy, sous
Henri III, qui y convoqua les états-généraux,
Blois fut de fait la capitale du royaume, si on
considère comme capitale la ville où siégeait
un gouvernement assurément bien éloigné de
la centralisation dont notre époque a posé les
colonnes d'Hercule. En ce monde, tôt ou tard,
tout bonheur et toute gloire s'expient. Blois
paya la sienne assez cher. Place frontière au
temps où les Anglais possédaient la moitié de la
France, conséquemment sans cesse menacé, il
prit peu d'extension. Plus tard, il devait beaucoup souffrir pendant les guerres de religion,
tour à tour emporté d'assaut et pillé par les catholiques et les protestants. Aujourd'hui Blois
n'est plus qu'une préfecture et un évêché; sa

population, plutôt commerçante qu'industrielle, ne dépasse guère vingt mille habitants.

Quand nous y entrâmes le jour décroissait rapidement. Après avoir traversé une assez belle place ornée d'un square et entourée de la préfecture, du palais de justice et de l'évêché, la colonne s'engagea dans des rues étroites et sombres qui descendent en pente rapide vers la Loire. Bientôt nous avions franchi le fleuve, et laissant derrière nous les dernières maisons du faubourg de *Vienne*, nous quittions la chaussée pour occuper l'un de ces terrains vagues et incultes que les inondations périodiques ont recouvert d'un sable fin et mouvant.

Eh quoi! tandis que si près de nous la ville est pleine de lumière et de bruit, que chacun avant de regagner son lit s'inquiète des événements, les raconte, les commente et nous plaint, c'est sur cette terre froide et nue que nous allons nous étendre, invoquant en vain le sommeil? Déjà les lueurs lointaines pâlissent, déjà s'efface le reflet des devantures sur les eaux, et

le vent du nord siffle dans les branches flexibles
de quelques saules rabougris qui, çà et là, se
dressent comme des nains difformes à têtes
monstrueuses et ébouriffées. Un murmure qui
va s'affaiblissant graduellement s'élève un instant encore des rues et des quais, puis on n'entend
plus que le *qui-vive* des sentinelles engourdies,
éclatant au milieu de la plainte monotone des
vagues qui déferlent sur la chaussée, parfois
couvert par le bruit d'énormes glaçons qui se
choquent et se brisent à grand fracas aux piles
du pont. Le froid est intolérable ; nos feux, où
le bois manque, lancent leurs dernières flammes
et leurs dernières étincelles ; un brouillard épais
et glacé, contre lequel nous protégent mal nos
minces toiles étendues, nous enveloppe; l'ennemi
est loin encore, le poste de police ferme les
yeux, l'abnégation, le renoncement de soi-même
ont des bornes et la souffrance parle pour cette
fois plus haut que le devoir. Que celui qui est
sans péché nous jette la première pierre.
Bientôt, dans les salles, dans les corridors,

sur les chaises et les tables des maisons voisines
qui s'ouvrent complaisamment, nous nous prélas-
sons voluptueusement roulés dans nos couvertures, la tête sur le sac, la main sur les armes,
un peu réconfortés par la douce perspective de
quelques heures de repos et d'oubli. Les provi-
sions manquent il est vrai, mais « *qui dort
dîne.* » En campagne, nul proverbe n'est d'une
plus fréquente application, et d'ailleurs le ceintu-
ron a plusieurs crans.

Dès avant le jour, tous étaient rentrés au
camp et, prêts à partir, se réunissaient autour
des rares et maigres feux de bivouac dont la
fumée refoulée en tous sens par un vent violent
nous aveuglait. On prit les armes *à la première
piquée du matin,* dans l'attente des ordres an-
noncés la veille ; mais après trois mortelles
heures on sut que nous demeurions encore cette
journée à Blois. Je n'oublierai jamais le ravissant tableau que la ville nous offrait alors. Le
soleil s'était levé superbe dans un ciel sans
nuages, et ses rayons irisant l'horizon d'un bleu

grisâtre éclataient partout sur les toitures, do-
raient l'aiguille des clochers et scintillaient
dans les vitres. Comme presque toutes les villes
des bords de la Loire, Blois est bâti en amphithéâtre.

De gradins en gradins s'étagent, s'enche-
vêtrent les maisons, les terrasses et les
jardins. Sur le fond bleu de l'ardoise se déta-
chent çà et là des toits noirs, anguleux, de
charmantes tourelles, d'aériennes galeries que
la plus fantaisiste imagination ne pourrait
grouper avec autant d'art et d'imprévu. De loin
les détails nous échappent, mais l'ensemble est
facilement embrassé d'un coup d'œil, car la ville
se déploie en éventail.

Hélas ! demain, ce soir peut-être, les canons
ennemis tournant vers tant de charmantes
choses leurs menaçantes gueules, sur ces arbres,
sur ces toits, sur ces places d'où s'enfuira la
population effarée, feront pleuvoir une pluie de
fer et de feu, et ne se reposeront que lorsque
leurs foudroyants obus éclateront au travers des

9.

lugubres monceaux de ruines fumantes et de cadavres.

Quand il nous fut permis de pénétrer dans ces rues froides, étroites, sombres, escarpées et humides, nous fûmes un peu désillusionnés : on y voit encore cependant, sans parler de quelques luxueuses habitations modernes, cinq ou six jolis hôtels de la renaissance qui suffisent à dédommager d'une fatiguante exploration. On ne regrette plus rien dès qu'on arrive en face du château.

Ce château, dont les beaux jardins ont été détruits, vendus, arrachés, a été admirablement restauré dans ses parties les plus remarquables, notamment l'aile de François Iᵉʳ, si large de conception, si riche de détails, et cependant si noble de sobriété dans son élégante ornementation.

Quant à l'aile de Gaston d'Orléans, qui voulut, dit-on, démolir en entier le château pour le reconstruire, le Vandale ! c'est une massive édification de Mansard ; elle a toute la lourde gravité de l'époque, elle est froide, pesante et méthodique, comme une épître de Boileau. Aussi quel contraste : là, les balcons à jour, les gargouilles rabelaisiennes, les spirituelles figurines, les inimitables corniches, les charmants caprices, les gracieuses fantaisies ; ici, la roide et fastidieuse régularité géométrique. L'une a toute la grâce, toute la poésie, tout l'esprit d'une ballade de Victor Hugo ; l'autre est monotone et sèche, aride comme un théorème de Briot.

L'intérieur ne ment point aux promesses du dehors. Mais nous y dûmes passer rapidement ; les quelques heures dont nous pouvions disposer étaient à peine suffisantes pour une visite à tire d'ailes. Puis, la plupart des salles, transformées en ambulances, étaient encombrées de blessés et de malades, au nombre desquels deux à trois cents variolés, circonstance qui refroidit un peu notre enthousiaste curiosité. On nous montra toutefois la porte basse, ouvrant dans l'étroit couloir où le duc de Guise tomba sous les poignards des gardes de Henri III, et la

chambre royale dans laquelle il vint mourir.
En nous désignant la place où s'affaissa le duc,
le *cicerone* bien stylé n'oublia point de nous
rappeler les paroles du roi devant le cadavre de
cette noble victime : « *Il me semble ainsi plus
grand encore qu'en vie.* » Quelqu'un insinua que
ces mots ne signifiaient rien de plus, si ce n'est
cette banale vérité, qu'un corps étendu paraît
plus long que debout. Le duc était de haute
taille. Mais tout porte à croire que la pensée de
Henri III avait un sens plus profond ; et je n'en
veux pour preuve que ces mots par lesquels il
conclut, annonçant au conseiller Rambouillet,
au maréchal d'Aumont et au colonel d'Ornano,
sa résolution de se défaire d'un *rival :* « Il est
temps que je sois seul roi, *qui a compagnon a
maître.* »

Qui a compagnon a maître ! Je ne devais
guère tarder à trouver l'occasion de me faire à
moi-même l'application de cette maxime sen-
tencieuse. Le camarade qui m'avait suivi jusque là, après avoir plusieurs fois déjà interrogé

sa montre avec une inquiétude manifeste, m'ar-
rachait enfin violemment à la contemplation
d'un escalier merveilleux, dont le pendant ne se
voit, dit-on, qu'à Chambord, et m'entraînait
vers l'*hôtel d'Angleterre*, où nous arrivions au
milieu d'un fort mauvais dîner que nous devions
payer très cher.

Pendant ce dîner, nous apprîmes que la
2e brigade partait le lendemain pour Chambord,
où, dit l'ordre, « *il sera procédé immédiatement et
promptement à sa réorganisation.* »

Nous nous entre-regardâmes sans oser nous
communiquer nos craintes. Le colonel avait en
vain fait rechercher à Blois les effets de campement et d'équipement qui nous manquaient.
L'officier chargé de cette mission, après avoir
parcouru la ville tout le jour, sans cesse renvoyé
de Caïphe à Pilate, mais toujours poliment
éconduit, quoique avec une nuance d'indifféren-
ce qui ne laissait pas d'être assez blessante, nous
était revenu les mains vides. Chambord ne nous
offrait en ce genre aucunes ressources. Nous

n'avions de vivres que pour deux jours, et nos
convois partaient pour Amboise. La marche
rapide de l'ennemi permettait de supposer qu'on
aurait assez à faire de veiller, et, le cas échéant,
de se défendre, sans céder à d'autres préoccupations. Maîtres des deux rives, les Prussiens
pouvaient et devaient inévitablement envelopper toutes les troupes qu'on allait diriger sur ce
point, isolé par la Loire de la base d'opérations.
Ils n'avaient, pour l'exécution de cette manœuvre, à surmonter aucunes difficultés. La grande
et belle route d'Orléans à Blois, par la rive gauche, était complétement libre, et, circonstance
qui les favoriserait singulièrement, Beaugency,
au-dessous duquel cette route se bifurque, n'é-
tait plus tenable depuis vingt-quatre heures et
avait dû être abandonné.

A partir de cette bifurcation, les deux routes
se prolongent comme les deux côtés d'un angle
aigu. L'une des branches passe, se dirigeant vers
Blois, à quelques centaines de mètres de l'enceinte
du parc de Chambord. L'autre, qui conduit à

Romoratin, presque constamment percée à travers bois, difficile à éclairer, est séparée des murs par plusieurs kilomètres et un bras de la forêt de Boulogne. Or, tandis que, vu notre petit nombre, quelques fortes reconnaissances suffiraient à occuper notre attention et à nous attirer sur l'un des côtés, de l'autre une nombreuse colonne s'avancerait infailliblement et sans être inquiétée, prendrait ses positions en nous tournant, nous acculant ainsi dans une impasse sans autre issue qu'une horrible lutte inégale et inutile ou une honteuse capitulation.

Convaincu du danger, qu'il était d'ailleurs bien éloigné de croire aussi imminent, le général Maurandy, pour lequel on a été un moment d'une cruelle injustice et que n'a point suffi à protéger contre les plus odieuses imputations la plus belle renommée d'honneur et de bravoure, se refusa longtemps à se soumettre aux injonctions du comité de défense de Blois. Persistant dans sa détermination, qui devait causer, hélas! de si irréparables malheurs, le comité

obtint des ordres supérieurs. Le général Maurandy n'avait plus qu'à marcher. Il était écrit
que la résistance qu'il opposait si justement à
des plans insensés se tournerait contre nous et
entraînerait de plus fatales conséquences, de
plus désastreux résultats que ne l'eût pu faire
une aveugle exécution. En effet, s'il eût cédé
plus tôt, nous serions arrivés de jour à Chambord,
bien avant l'ennemi. Là, maître de son terrain,
le général aurait retrouvé toute sa liberté d'action; et, désormais, juge unique de l'opportunité
d'une défense dont l'impossibilité reconnue était
facile à démontrer, il recouvrait le droit d'agir
selon ses seules inspirations.

CHAPITRE VII.

———

Chambord. — Les Montils. — Amboise. — Tours.

Nous sommes au 9 décembre (1), une horloge prochaine a sonné lentement cinq coups, dont la vibration se prolonge sur la ville endormie et, dans le silence de la nuit, éveille tous les échos des carrefours. La 2ᵉ brigade attend, rangée dans ce faubourg de *Vienne* qui vit licencier, en 1815, la vieille garde impériale, dont l'histoire passe une légende et qui mourait sans se rendre. Les sous-officiers on fait de mémoire l'appel dans les compagnies ; les hommes sont debout,

———

(1) Les superstitieux pourront constater que ce jour là était un *vendredi*.

en arrière des faisceaux et des sacs fermés, prêts
à charger. Aux dernières lueurs des feux qui s'é-
teignent, on les voit pâlis par le froid, l'insom-
mie ou la fièvre, essayant de s'envelopper de
leurs couvertures que le vent soulève parfois,
découvrant les vareuses en lambeaux, dont les
déchirures béantes laissent apercevoir les
insuffisants gilets de tricot. Un brouillard glacé
monte du rivage et se condense, se suspend en
aiguilles de givre, blanchissant les barbes et les
chevelures. Quelques-uns qui, suivant leur expression, sont *empoignés par le froid,* sortent des
rangs et s'accroupissent près des brasiers, dont
ils essayent de raviver la cendre du souffle. On les
entend claquer des dents et frissonner de tous
leurs membres, comme sous les brises du Nord
les feuilles du tremble. Les demi-teintes de l'aube
avaient fait place aux vives rougeurs du point
du jour. Puis le soleil s'était élevé sur l'horizon,
les quais et la ville qui nous faisaient face
s'animaient ; et rien n'annonçait notre départ.
Ce fut seulement vers deux heures de l'après-

midi, que la brigade s'ébranla. Deux bataillons du 40ᵉ de marche, le 2ᵉ et le 3ᵉ bataillon du 71ᵉ mobile s'avançaient par une route communale mal entretenue, précédés d'un long cordon de tirailleurs espacés à travers champs, et à quelques mètres d'intervalle, par une batterie d'artillerie. Notre 1ᵉʳ bataillon et un bataillon du 40ᵉ de marche, détachés, suivaient la route parallèle d'Orléans, à peu de distance de la chaussée de la Loire. Ceux-là devaient rencontrer, à mi-chemin, une compagnie de francs-tireurs qui avaient pris au sérieux leur rôle d'éclaireurs. « Qu'allez-vous faire à Chambord, disaient-ils, les Prussiens y seront avant vous et en force ? Nous avons reconnu une colonne d'au moins quinze mille hommes d'infanterie, accompagnée d'une nombreuse cavalerie et d'une puissante artillerie, et qui n'est cependant, si nous sommes bien informés, qu'une avant-garde (1). La première bri-

---

(1) Ces renseignements étaient exacts. Les troupes ennemies signalées comptaient, d'après des documents

gade de votre division a reçu l'ordre de se replier sur Blois ; elle est repartie. « Le bataillon du 40e de marche et notre 1er bataillon firent volte-face et revinrent lentement sur leurs pas. Le général Maurandy avait, en effet, rappelé la 1re brigade ; mais en conséquence des derniers ordres, il la faisait rechercher sur la route de Bracieux à Blois par Mont et Saint-Gervais, avec injonction de réoccuper en toute hâte ses positions.

Cependant le 2e et le 3e bataillon du 71e et les deux bataillons du 40e de marche atteignaient et dépassaient le village de Huisseau, écoutant, non sans inquiétude, une fusillade crépitante qui venait d'éclater proche à leur gauche. Mais on ne tarda guère à savoir qu'un bataillon du 33e de marche, demeuré en observation, avait

---

allemands, 12,000 hommes d'infanterie, 36 canons, 5,000 chevaux, et n'étaient que l'avant-garde du 19e corps (Hesse-Darmstad). La division Maurandy n'avait à leur opposer que 11,000 hommes en tout et trois batteries incomplètes.

arrêté une forte reconnaissance prussienne, la
contraignant d'abandonner dans sa fuite ses
morts et ses blessés. D'autre part, le canon qui
depuis dix jours ne s'était tû du lever du soleil
au crépuscule, tonnait au lointain. Rien en
somme ne justifiait jusqu'à présent nos appréhensions, et pourtant le colonel était anxieux. Sa
vieille expérience le rendait défiant. Lorsqu'à la
tête de la colonne il s'engagea dans une large
allée du parc, à l'extrémité de laquelle un reflet
attardé du couchant éclairait vaguement les
hautes toitures du château de Chambord, il s'arrêta pour questionner longuement un officier
des francs-tireurs de Paris, auxquels avait été
confié le service d'avant-postes, et qu'en l'absence du célèbre Lipowski, commandait le non
moins fameux La Cécilia.

Cet officier semblait encore plus rassuré que
rassurant. Depuis plusieurs jours, affirmait-il.
nous occupons le parc dont nous avons crénelé
les murs ; et, au delà, nous avons poussé fort loin
des patrouilles incessantes qui sont rentrées

sans avoir jamais rien rencontré de suspect. Il fallait bien se rendre à cette évidence. D'ailleurs *les prescriptions étaient formelles* et ne pouvaient être éludées ; c'eût été assumer une terrible responsabilité. La sphère dans laquelle peut se mouvoir librement et spontanément un chef de corps est étroite; est bien petite la part d'action personnelle qui lui est laissée au milieu des problèmes complexes de la stratégie qui nous a été révélée, et dont les combinaisons multiples devaient se coordonner sans rien livrer aux mains du hasard. Chaque acteur du drame, quelle que fût l'importance de son rôle, s'y devait strictement renfermer, sous peine d'avoir un compte sévère à rendre au dénouement. Le vrai mérite du soldat de tout grade est d'exécuter les ordres sans jamais demeurer en deçà, comme aussi sans jamais aller au delà. Le boulet ne discute ni n'argumente, il suit aveuglément et sans dévier l'impulsion. Le besoin furieux d'épiloguer, la rage de raisonner, n'ont-ils pas été plus meurtriers pour nous pendant cette guerre, que ne pouvaient l'être les bombes incendiaires et les balles explosibles? Au reste, tout le parc était calme et silencieux. On pouvait entendre bruire au vent du soir les feuilles sèches des chênes, et c'est à peine si le bruit des pas éveillait de loin en loin un écho sous la voûte sonore des tranquilles futaies, où la lune à son lever, essayant de se dégager d'une lourde enveloppe de nuages sombres, glissait çà et là quelque oblique rayon. L'obscurité était profonde lorsqu'on s'arrêta près du château, dont seules deux ou trois fenêtres des étages supérieurs étaient éclairées, ne permettant de distinguer qu'une masse imposante. Les bataillons s'établirent vers l'angle nord-ouest, en colonnes doubles, les divisions n'ayant entre elles que la distance suffisante à la formation des faisceaux. Sur le front s'était rangée la batterie encore attelée, avec ses caissons.

Il nous faut maintenant esquisser à grands traits, un plan des lieux, nécessaire pour l'intelligence de ce qui va suivre. Cette pelouse, de forme ovoïde, assez vaste, mais où néanmoins trois mille

hommes ainsi massés étaient fort à l'étroit, est
limitée en face par le Cosson, petite rivière profonde et vaseuse, dont un bois épais couvre la rive
opposée ; à droite, par le château ; à gauche, par
une haie vive, haute, touffue, impénétrable, et
percée d'une seule ouverture resserrée qu'on
avait dû élargir pour le passage des canons ; en
arrière, par une succession de futaies et de taillis
au travers desquels courent de rares allées.

On avait formé les faisceaux et déchargé les sacs.
Tout à coup, les francs-tireurs disséminés dans
l'allée se réunissent en hâte près du pont jeté
sur le Cosson ; un officier et une escouade du
40e de marche s'avancent en courant dans cette
direction ; une effrayante nouvelle s'est répandue
avec une promptitude électrique : l'ennemi est
dans le parc ! » (1)

(1) La nouvelle était apportée par un paysan échappé
aux Prussiens qui, avec des menaces de mort, l'avaient
contraint de leur servir de guide ; et, profitant des
indications obtenues de ce malheureux épouvanté,
avaient eu tout le temps de se préparer à nous recevoir.

Au moment où le colonel appelait à lui quelques officiers, on entendit rapidement échanger ces mots : « *Qui-vive ! — Prusse ! Rendez vous, vous êtes cernés !* — Feu ! » crie l'officier français pour toute réponse. Et les soldats qui l'entourent tirent ou jugé. Alors un immense éclair s'allume dans l'épaisseur du fourré. Cherchant à ressaisir leurs armes et leurs sacs, au hasard et sous une grêle de balles, quelques hommes tombent blessés, entraînant les faisceaux dans leur chute. Le colonel, qui s'est élancé en avant, frappé l'un des premiers, essaye en vain de se relever ; il a une jambe brisée ; c'est en se traînant sur les mains et les genoux, qu'il parvient à s'abriter près des murs du château, au bas desquels il s'affaisse évanoui et sanglant.

On recule vivement vers le bois, mais à quelques pas de la lisière et sous le couvert, sont tendus des fils de fer qui protégent les arbustes des parterres contre la dent des chevreuils et autres rongeurs qui peuplent le parc. La peur ferme la porte à la réflexion. Que signifient

10

ces fils mystérieux, étranges, invisibles ?... Sans
doute l'ennemi nous a tendu un piége terrible, et
nous avons donné dedans tête baissée. Les derniers survenants, arrêtés, s'étonnent, et sourds à
la voix des officiers, que couvre d'ailleurs le
tonnerre de la mousqueterie, le bruit des pas, des
armes heurtées, les cris des blessés, se demandent
avec effroi quel obstacle inconnu refoule ainsi et
renverse ceux qui les précèdent. Dans chaque
groupe d'hommes tombés, qui se débattent, ils
croient voir un monceau de cadavres.

Enfin, les fils se rompent sous l'effort des
poitrines qui les pressent, des mains qui les
tordent et les arrachent avec fureur. Une fois
sous bois, les balles, heureusement assez mal
dirigées, qui pleuvent sans relâche et qu'on entend siffler aigrement et frapper d'un coup sec le
tronc des arbres, font peu de victimes. Mais par
cette épaisse nuit, à travers ces taillis, comment
rallier ces hommes ainsi surpris et qui se croient
enveloppés d'ennemis, quand on ne peut se voir
ni s'entendre. La première allée qui se présente

leur est bonne, le salut est au bout de chaque
sentier.

Hélas ! ces sentiers, ces allées, rayon-
nant d'un centre commun vers une immense
circonférence, vont s'écartant les uns des autres
et franchissent l'enceinte du parc par plusieurs
issues que séparent de grands espaces et qui
donnent accès dans une plaine presque inhabi-
tée, marécageuse, coupée de bois, où se croi-
sent trois ou quatre routes sur lesquelles peut-
être on va s'engager au hasard. Le désastre sera
consommé !

En même temps, les francs-tireurs qui gardaient le pont sur le Cosson ont dû se replier
par l'allée qui a conduit la brigade à Chambord.
Ils y ont rencontré plus loin un bataillon du
8ᵉ mobile et se sont retirés avec lui, laissant le
passage libre à l'ennemi qui vient entourer le
château, enfermant dans un cercle de fer le colonel blessé, le commandant Duval, les capitaines
Descoutures, Lagrange, Chabrol et Thouvenet ;
les lieutenants de Livron, du Boucheron, Cham-

brelent (1), et environ deux cents sous-officiers, caporaux et gardes qui n'ont pu s'échapper ni avoir le temps de préparer une résistance efficace, car ces événements se sont accomplis en moins de minutes qu'il ne faut de pages pour les raconter. Peu s'en est fallu que M. Périer, commandant du 3e bataillon, n'ait partagé leur sort.

« Renversé, foulé aux pieds, dit-il, je demeurai un instant avant de revenir à moi, et lorsque je me relevais parmi les blessés, sans autre mal que des contusions légères, je vis à quelques pas reluire sous un rayon de la lune, les pointes de cuivre des casques hessois. Alors, assourdissant le bruit de mes pas, m'abritant d'arbre en arbre et de fourré en fourré, disputant aux ronces les lambeaux de mon uniforme, j'atteignis les murs du parc que je franchis. Puis je

---

(1) MM. Chabrol et Chambrelent parvinrent à s'évader. Devenu plus tard officier d'ordonnance d'un général de l'armée de Bourbaki, M. Chambrelent est mort peu après des suites d'une chute de cheval.

repris la route de Blois, d'où m'arrivait la rumeur d'une troupe en marche. »

Nous allons laisser M. Périer rejoignant un détachement assez important du 71ᵉ, et poussant jusqu'à Blois pour prendre les ordres du général Peytavin qui l'expédia en toute hâte sur Tours; et rentrer encore une fois à Chambord.

La majeure partie du régiment, rejetée plus à gauche, dans un désordre momentané, qu'il n'était pas possible d'éviter en se retirant sous bois, avait pu se reformer tout autant que le permettait la fusion des deux bataillons, sur la route de Saint-Dié-sur-Loire à Bracieux, tracée au travers du parc. De distance en distance, cette route était encombrée. Le génie avait abattu sur les bords, et ensuite jeté en travers des arbres de haute venue. Ces troncs énormes, garnis de leurs branches, devaient retarder la poursuite de l'artillerie et de la cavalerie prussienne, au cas d'une retraite des Français d'avance prévue, et que d'après ses instructions, alors secrètes mais aujourd'hui dévoilées, le

10.

général Maurandy devait seulement retarder et
prolonger le plus possible. Car, déjà, la retraite
de la 2ᵉ armée de la Loire sur Vendôme était
commencée et encore était-il facile de prévoir
que Vendôme n'était qu'une station d'où le
général Chanzy, n'ayant pu percer en droite
ligne sur Paris, allait essayer d'une marche
oblique qui, l'entraînant à l'ouest, lui permet-
trait d'atteindre en s'en rapprochant d'autant
son objectif, où de tendre la main à l'armée
du Nord. Ce résultat obtenu, Chanzy et Fai-
dherbe, opérant de concert et contraignant
les Allemands à masser toutes leurs forces, auraient couru la chance d'une grande bataille
décisive. Il serait certes difficile de démontrer
que ce plan avait été préconçu ; en tous cas, il
semblait dicté par l'issue des derniers combats,
dans lesquels l'ennemi avait conquis des positions très avantageuses, au prix, avoué par les
dépêches du quartier général prussien à la reine
Augusta, *d'immenses fatigues et de pertes sensibles.* Quoiqu'il en soit, notre division aventurée

seule ainsi sur la rive gauche, était sacrifiée. La
guerre a de ces exigences cruelles. Son rôle se
bornait à occuper l'ennemi, à l'obliger d'épar-
piller ses troupes, dont la concentration lui aurait facilité une poursuite prompte et sûre devant laquelle le général Chanzy n'aurait pu
prendre les dispositions nécessaires au salut de
son armée, ni préparer cette savante retraite du
Mans qui l'honore autant qu'une victoire (1).

---

(1) La note suivante, extraite de l'appendice du livre
deuxième de *La 2ᵉ armée de la Loire*, par le général
Chanzy, établit clairement que *dès le 9 décembre* la
retraite de toute l'armée sur Vendôme puis le Mans,
était sinon commencée, du moins projetée.

*Général Chanzy à intendant en chef de l'armée
et à sous-préfet.*

Jones, 11 décembre 1870.

« L'armée *continuant* son mouvement de retraite sur
Vendôme, il se peut que l'ennemi, qui marche sur la
rive droite, arrive demain à Blois. Je donne l'ordre de
replier cette nuit sur Vendôme tout le matériel qui
existe à Blois, et de couper le chemin de fer. Accélérez
tous ces mouvements. J'aurai demain mon quartier gé-

Mais je m'aperçois que je me suis engagé
dans une voie où je m'étais promis de ne pas
faire un seul pas, et je reviens au 71e.

Tandis que M. Périer essayait de rejoindre
ce détachement, dans lequel il n'est pas étonnant qu'il ait cru voir tout ce qui restait du 71e
(le sort du 1er bataillon étant inconnu), le reste
du régiment, séparé et rejeté sur la gauche, par
l'impossibilité de traverser certaines parties du
bois, avait, comme on l'a vu plus haut, rencontré assez loin du château, pour être à peu près à
l'abri des balles, la route de Bracieux, et là,
tant bien que mal, s'était remis en colonne. Le
colonel et le commandant Duval étant tombés
aux mains de l'ennemi, il ne restait aucun of-

néral au château de Noyers, entre Epiais et Villetrun.
J'espère arriver à couvrir Vendôme après-demain dans
la journée. Faites toutefois refluer, de *Vendôme sur le
Mans*, tous les approvisionnements et le matériel non
indispensables aux besoins de l'armée, *si elle doit s'arrêter quelques jours devant Vendôme.*

                    » Signé : CHANZY. »

ficier supérieur. Beaucoup d'autres officiers manquaient, ainsi qu'un grand nombre de sous-officiers. C'eût été folie que d'essayer de reprendre l'offensive avec ces hommes fatigués, désorganisés, à peine remis d'une si chaude alerte. On n'avait d'ailleurs pas la moindre connaissance de la topographie des lieux ; la nuit était sombre, l'ennemi sans aucun doute sur ses gardes ; le simple bon sens indiquait que le plus pressé était de sortir du parc qui pouvait cacher d'autres embûches, et de gagner la plaine.

On se mit en marche, quelques hommes de bonne volonté s'étant offerts pour protéger la retraite, demeuraient un peu en arrière, se tenant prêts à faire face en cas de poursuite. C'est ainsi que se retirèrent après une si fatale surprise, bien faite pour les frapper d'épouvante, ces soldats d'un jour qu'on a représenté s'enfuyant affolés dans toutes les directions. Bien plus, ils surent encore accomplir quelques actes de courage, de dévouement et d'énergie, d'autant plus méritoires qu'ils étaient entièrement spontanés.

Le capitaine Deshayes, blessé et mourant, fut emporté sur les bras de ses mobiles pendant plusieurs kilomètres (1). Les voitures qui conduisaient nos bagages, engagées dans le bois, n'avaient pu percer. Deux seulement furent sauvées à grand peine. L'une à la suite du 40e de marche était chargée de cartouches, l'autre renfermait la caisse du 71e, contenant près de vingt mille francs.

(1) Le capitaine Deshayes a été aimé et apprécié de tous ceux qui l'ont connu. Mais aucun n'a plus que moi ressenti d'émotion à la nouvelle de sa mort. A défaut de souvenirs qui remontent à une époque déjà lointaine, où je n'étais pas encore un jeune homme quand lui sortait déjà de l'adolescence, nous eussions été unis par la conformité de nos situations. Nul mieux que moi ne pouvait comprendre la douleur cruelle de cette mère dont il était le fils unique, de cette jeune femme sitôt veuve et de cet enfant orphelin, lorsque à peine il avait connu son père. Avant d'être capitaine de mobiles, Camille Deshayes avait gagné ses épaulettes dans un régiment de cavalerie.

On n'a jamais su par quel hasard et grâce à quels efforts les courageux conducteurs de ces voitures avaient pu atteindre la route de Bracieux (1). Là, le premier arbre étendu à la traverse semblait encore une barrière qui parut d'abord infranchissable. Bientôt cependant, sollicités à grands coups de plat de sabre et de pointe de baïonnettes, les malheureux chevaux passaient par dessus l'obstacle, et les voitures soulevées à bras retombaient à leur suite, gémissant dans leur essieu, oscillant comme une légère embarcation sur la mer houleuse. Il fallut quatre ou cinq fois recommencer cette manœuvre.

On approchait de la porte de Bracieux, lorsqu'apparut, arrivant en sens inverse une colonne française. C'étaient deux bataillons du 8ᵉ mobile et le 36ᵉ de marche, ayant à leur tête le colonel

---

(1) Je regrette de n'avoir pu retrouver le nom du brave garçon qui sauva ainsi la caisse du 71ᵉ. Tout ce qu'il m'a été possible de savoir, c'est que rentré avec nous à Limoges, il y fut atteint presque aussitôt de la variole et succomba après quelques jours de souffrances.

Marty. Le colonel Marty remplissait les fonctions de général pour cette 1re brigade de notre
division qui, enfin retrouvée, revenait à ses positions de la veille. Il n'eut pas plus tôt appris ce
qui venait de se passer à Chambord, qu'il fit
faire demi-tour à sa troupe, ordonnant aux officiers du 71e mobile de le suivre, et recula jusqu'à
Bracieux. Le général Maurandy y arrivait en
même temps, il dirigea tout le monde sur Amboise, par les Montils et Chaumont. De son côté,
le détachement qui avait pu faire retour en
droite ligne sur Blois, y entrait en ordre sans
avoir été inquiété.

Telle fut cette malheureuse affaire de Chambord, si étrangement et si diversement racon-
tée depuis, commentée avec une malveil-
lance si acerbe, si persistante que le général
Chanzy lui-même a protesté (1). Quelques grands
stratégistes de la presse avaient, en effet, tout

_____

(1) *La 2e armée de la Loire,* par le général Chanzy,
livre deuxième, p. 151 (3e édition).

d'abord jeté les hauts cris, et des batteries de
leurs petits journaux tiraient sur tous à boulet
rouge, confondant dans une même accusation
de forfaiture, le général déclaré atteint et convaincu d'imbécillité ou de trahison, et les lâches
soldats qu'un héros, non moins radical que sé-
dentaire, proposa, dit-on, de reconduire l'épée
dans les reins, après avoir, au préalable, fusillé
tous les officiers. Jusque-là, le mal n'était pas
bien grand. Forts du témoignage de leur conscience et se confiant dans un plus ample informé,
général et soldats pouvaient mépriser ces absurdes clameurs; par malheur, elles trouvèrent un
écho dans le sein de la délégation du gouvernement; et avant même d'être arrivé à Tours,
où en deux jours peut-être il pouvait rallier sa
division, la reformer et rentrer en ligne, le général Maurandy se vit retirer son commandement.

On commit ainsi la double faute de laisser une
division sans guide et de manquer aux convenances vis à vis du général Chanzy, dont on ne
prit pas même l'avis. A l'égard du général Mau-

11

randy, on ne trouva point que ce fut assez d'un procédé aussi brutal ; on y ajouta l'injure. Une question souvent posée, mais presque toujours demeurée sans réponse, est celle-ci : Sur qui donc rejeter la responsabilité de ces événements ?

Il nous semble avoir prouvé que le désaccord dans la marche des deux brigades de la division, n'était pas du fait du général, contraint d'obéir précipitamment à des ordres inattendus. D'autre part, nous avons montré, en décrivant l'emplacement occupé par les bataillons, comment les soldats, massés dans un espace excessivement restreint, étaient gênés par l'artillerie et une rivière qui leur barraient le passage, soit pour tirer sur un but d'ailleurs invisible, soit pour essayer d'un abordage à la baïonnette dont l'obscurité de la nuit rendait l'exécution presque impossible et, en tout cas, très hasardeuse.

Le rapport concernant cette affaire, adressé par le général Maurandy au quartier général, rapport dont une consciencieuse enquête a prouvé, dit le général Chanzy, l'exactitude et la

véracité, se termine ainsi : *En résumé, cette surprise aurait été évitée, si les francs-tireurs avaient
fait leur devoir* (1). Il ne nous appartient pas de
nous prononcer sur la justesse ou la sévérité de
cette appréciation. Tout en tenant compte des
difficultés matérielles évidentes, et sans se hâter
d'accuser de négligence les francs-tireurs de
Paris, dont l'histoire a de glorieuses pages, il
faut néanmoins reconnaître qu'ils possédaient
une compagnie d'éclaireurs à cheval, admirablement montée, bien précieuse pour l'accomplissement de leur tâche. Tâche fort lourde au
reste et très compliquée, que celle de reconnaître
nuit et jour, par cette rude température, une
contrée boisée, sillonnée de routes nombreuses,
et de garder un parc dont l'enceinte a *sept lieues
de tour*.

---

(1) Le rapport du général Maurandy est reproduit *in
extenso* à l'appendice du livre deuxième de *La 2e armée
de la Loire* (3e édition, p. 496). Si le général dédaigne
de s'y justifier, il s'y montre du moins très jaloux de
l'honneur des troupes auxquelles il a commandé.

L'occupation de Chambord par l'ennemi pouvait avoir les plus graves conséquences ; mais, pour la première fois peut-être, les généraux prussiens ne tirèrent presque aucun parti de leur victoire. Soit qu'ils nous supposassent plus nombreux sur la rive gauche, soit que leurs troupes fatiguées fussent incapables de se porter plus rapidement en avant, ils ne semblèrent nullement pressés de traverser la Loire, ni d'entreprendre un mouvement tournant, manœuvre qui leur est si familière, qui leur a presque toujours réussi, et que redoutait alors par-dessus tout le général Chanzy.

Ce fut seulement après deux jours, quand ils se présentèrent devant Blois, où les arrêta quelque temps encore un semblant de résistance, qu'ils comprirent la feinte dont ils avaient été dupes. Aussi brusquèrent-ils la prise de la ville.

Elle dut se rendre le 12 décembre à la menace d'un bombardement immédiat. Mais il était déjà trop tard pour empêcher la réalisation du plan du général Chanzy. L'armée française, pivotant

sur sa gauche, où elle se maintenait vigoureusement, continuait d'abandonner une à une ses
positions de la droite, et sa retraite sur Vendôme
était assurée.

La 3ᵉ division du 16ᵉ corps, demeurée seule
sur la rive gauche, était donc seule compromise.
Elle avait perdu à Chambord cinq canons, dont
les artilleurs ne purent sauver qu'une partie des
attelages, car, dès que l'ennemi ouvrit le feu, les
chevaux, blessés ou effrayés, s'étaient élancés
vers le Cosson, et dans la vase de son lit avaient
précipité deux pièces, tandis que les autres s'ac-
crochaient et versaient. Leurs conducteurs eurent tout juste le temps de couper les traits,
l'espace manquant pour tourner. Puis la division était rejetée sur deux routes, aboutissant
au même point, mais partagées en étapes inégales. C'était là assurément une situation difficile.

En ce qui concerne le 71ᵉ, le plus maltraité à
tous égards des régiments aux ordres du général
Maurandy, il avait un premier détachement

s'en allant de Blois à Tours par la route qui
borde la Loire ; le second, à la suite de la 1ʳᵉ brigade, marchant sur Amboise par Chaumont ; et
enfin, on s'en souvient, un troisième, égaré
depuis le 4 décembre, à la sortie d'Orléans, et,
commandé par M. le capitaine comte de Couronnel. On verra bientôt que celui-là n'était pas
loin.

Comme on sortait de Bracieux, les nuages qui
chargeaient l'horizon crevèrent, et la neige se
mit à tomber épaisse un instant, fouettée par
un vent glacial. Bien que beaucoup fussent al-
légés de leur sac abandonné à Chambord, les
hommes avançaient péniblement, fatigués par
neuf jours de marche pendant lesquels les distributions de vivres n'avaient pu se faire régulièrement et plus encore par les nuits sans sommeil. Aussi, lorsque vers une heure du matin
on arriva à les Montils, il fallut y laisser la moitié de la colonne. On avait parcouru en dix
heures près de quarante kilomètres, sans autre
temps d'arrêt que la courte halte interrompue

par l'attaque de l'ennemi, et sans prendre aucune nourriture. Les moins las poussèrent jusqu'à Chaumont.

Les Montils est un joli bourg, situé au sommet d'un coteau élevé planté de vignobles dont les propriétaires vantent beaucoup les produits, blancs ou rouges, qu'ils versaient très libéralement aux soldats.

Dès le point du jour, on y vit arriver le détachement commandé par M. de Couronnel, qui revenait de Romorantin. Aussitôt, on partit pour Amboise. Il faisait ce jour-là un clair soleil, et la beauté des paysages qu'on traversait ramenait la pensée vers de moins sombres tableaux. En d'autres circonstances, c'eut été une bien ravissante promenade. Nulle part les rives de la Loire, tant vantées, ne sont plus attrayantes ni plus pittoresques. Nos impressions, comme on le peut croire, étaient tendues de noir pour longtemps. Mais, et c'était bien involontaire, nous n'en subissions pas moins l'influence de ce beau jour et de cette belle nature.

A droite coulait le fleuve avec un sourd
murmure, auquel se mêlait par intervalle le
bruit éclatant des lourds glaçons qui se heur-
taient en tournoyant et que le soleil teignait de
toutes les couleurs de l'arc-en-ciel. Nous n'é-
tions séparés de la rive que par une étroite bande
de prairies, d'inégale largeur, d'un vert cru,
que tachaient encore quelques traînées de neige,
çà et là parsemées de bouquets d'arbres vigoureux, dont les clématites sauvages escaladent le
faîte.

Devant nous, sous nos pieds, se déroulait la
route un peu droite, un peu monotone, mais
unie, large et facile comme l'allée d'un parc
anglais.

A gauche se dressait une falaise parfois coupée à pic, parfois, à cent pieds de haut peut-être,
détachant un bloc énorme qui surplombait sur
nos têtes ; ailleurs, s'abaissant brusquement pour
nous laisser entrevoir, dans une trouée, quelque
coquette villa blottie sous les arbres, ou quelque
château aux féodales tourelles. On serait tenté de

prendre cette roche blanche et perpendiculaire, où par places le lierre accroche ses robustes festons, pour une muraille gigantesque dans le genre de celle de la Chine. Mais c'est mieux qu'un mur, c'est une ville, dont le bon Dieu fut l'architecte, et la Loire le maçon. Dans ses débordements, alors qu'on n'avait point encore songé à l'enfermer dans ces digues qui sont si souvent impuissantes à la contenir, elle venait librement battre le flanc de la colline. Elle y creusait des excavations, des galeries et des grottes qu'habitèrent sans doute les naïades, au temps où vivaient les naïades, qu'on a depuis exproprié pour cause d'utilité publique.

Le gros de l'ouvrage était fait. L'homme est venu ensuite avec son ciseau, il a arrondi ou équarri la chambre, percé par-ci par-là une fenêtre, ouvert une porte, taillé un escalier, redressé un plafond; après quoi, montant sur la toiture, qui ordinairement est le jardin, il a foré un puits : c'est la cheminée.

Nous avons eu la curiosité d'entrer dans l'une

11.

de ces maisons qui, naturellement, ne sont pas habitées par des millionnaires. D'avance nous plaignions les malheureux réduits à vivre dans ces trous noirs, humides, malsains, privés d'air et quasi de lumière. Combien nous étions loin de compte ! les parois bien taillées avaient le poli et le brillant du stuc.

Les rayons du soleil, entrant par deux larges fenêtres, éclairaient au deuxième étage un intérieur d'une remarquable propreté et qui, quoique d'une extrême simplicité, ne manquait de confort ni même d'une certaine élégance.

Au reste cette population troglodyte est hospitalière. Il n'était guère de seuil où on ne vît apparaître les maîtres du logis, chargés de larges cruches bientôt vidées dans les gobelets de nos soldats.

Eh bien, malgré tout, nous regrettions de trouver là ces hommes, ces vieillards, ces femmes, ces enfants, ces belles jeunes filles aux cheveux blonds et aux grands yeux bleus, qui semblaient si attristés de nos désastres, qui prenaient tant

de part à nos douleurs. Ces braves gens nous
gâtaient le paysage; ils nous volaient le pittoresque; ils faisaient tache au tableau, et quel tableau!... Jamais si riche cadre n'entoura plus
lugubre image. Sur les bords de ce fleuve
superbe, au delà duquel nous apercevions immenses des plaines fertiles, au pied de ces roches agrestes, au milieu de cette vie, sur cette
terre en fête, nous apportions des pensées de
deuil et de mort. Nous apparaissions comme les
funèbres génies de l'incendie, de la dévastation
et de la ruine; nous venions rendre un effroya-
ble témoignage de la férocité humaine. Mais
nous passerons, nous passons, nous sommes
passés..... et l'immuable nature sourit, dans son
inaltérable placidité, dans son calme, dont les
tempêtes elle-mêmes ne troublent point l'har-
monique sérénité. Et nous, nains orgueilleux
et microscopiques que nous sommes, quand
nous avons dans son sein soulevé quelqu'un de
ces orages qu'on appelle la guerre, nous croyons
que le souvenir en demeurera toujours. Qu'en

reste-t-il, presque aussitôt? Un peu de fumée,
du sang et des larmes : bien vite le vent, la
pluie et le temps font leur œuvre. La fumée se
dissipe, le sang s'efface, les larmes tarissent!...

Nous en étions-là de nos réflexions humani-
taires et philosophiques, lorsque l'un de nous,
montrant du doigt à l'horizon une montagne de
tours qui se profilaient en gris sur le fond rose
du couchant, annonça Amboise.

Amboise est une ville de quatre à cinq mille
habitants, qui n'a de curieux que son château,
où était logé le 71ᵉ. Ce château, assez bien conservé extérieurement, n'est pour ainsi dire
qu'une ruine à l'intérieur, et une ruine souvent
réparée ; ce à quoi elle n'a rien gagné, mais
bien plutôt perdu. La grosse tour, à l'entrée, si
solidement et si ingénieusement construite que
mulets et litières y montent aisément, s'est seule
bien défendu des siècles et des hommes.

La fameuse porte où Charles VIII se heurta
le front avec tant de violence que le choc déter-
mina une *commotion* dont il est mort, nous a

paru apocryphe. D'ailleurs, quoi d'étonnant à ce qu'on ait refait une porte à laquelle un roi s'était cassé la tête !

A peine trouve-t-on après elle, deux ou trois salles insignifiantes, et à la suite, moins intéressants encore, les appartements qu'occupa Abd-el-Kader. Mais quel magnifique panorama on découvre de ces jardins sous lesquels est enfouie la moitié de l'édifice. Combien la Loire est belle avec ses plages sablonneuses et ses îlots aux capricieuses échancrures ; qu'elles sont superbes ces plaines à perte de vue de la Touraine, dont l'œil prolonge indéfiniment la limite dans la pénombre crépusculaire, et où souvent peut-être, l'émir chercha, mais en vain, à retrouver la teinte dorée, les chauds reflets et l'énergique poésie du désert natal. Dans le jardin, un cimetière arabe renferme trente tombes où dorment les exilés du soleil d'Afrique, morts avant que leur maître ait vu finir sa captivité, dont leur dévouement ne pouvait parvenir à adoucir l'amertume. Cette prison, c'était aussi pour lui une tombe, la froide tombe où il lui fallut ensevelir tous ses rêves d'indépendance et de gloire. Et qu'est-ce autre chose que la vie sans la liberté, sans illusions et sans espoir, sinon une mort anticipée.

Le lendemain on repartit vers dix heures du matin. L'étape n'était pas bien dure, car on ne compte que vingt kilomètres d'Amboise à Tours. Mais le temps avait changé; ce jour là le ciel était sombre, le froid pénétrant, et la fatigue nous allongeait le chemin. Puis le paysage manque de caractère, il est plat, terne, uniforme, la route n'a pas le plus petit monticule, ni le moindre détour où nous attende l'imprévu. Nous y allons, comme au travers d'un livre dont on connaît d'avance le dénouement, et sans autre distraction que le triste spectacle de l'agonie de quelques vaches du troupeau qui nous précède. Ces pauvres bêtes, après avoir laissé bien loin derrière elles l'empreinte sanglante de leurs pieds déchirés, sont tombées épuisées et se sont couchées pour mourir. A cette heure leurs regards expriment si clairement la souffrance et la résignation, qu'il y passe véritablement des lueurs d'intelligence humaine. Mais l'homme ne trouve pas ce calme devant la mort, car elle n'est pour lui que l'ouverture du gouffre au fond duquel il entend gronder l'inconnu ; car la voix de sa conscience l'avertit qu'il ne peut écrire, sur l'humble granit ou le marbre fastueux qui va recouvrir sa cendre, ce présomptueux défi, jadis jeté à l'avenir, qui s'en est vengé par la découverte d'un nouveau monde : *Nec plus ultra*. Après la tombe, il y a quelque chose encore, et le cercueil n'est que le berceau d'une autre vie.

On allait si lentement, que le jour approchait de sa fin quand nous entrâmes à Tours par le quai au bout duquel, sur la place où aboutit la belle *rue Royale*, nous saluâmes au passage la statue de Descartes. Sur le socle qui supporte le philosophe Tourangeau, on a gravé, en lettres de grande dimension, le célèbre : *Cogito, ergo sum*. « Je pense, donc je suis. »

Pour le moment, pas n'est besoin pour aucun de nous de se replier aussi profondément en lui-même. Trois sensations aussi distinctes que douloureuses : le froid, la fatigue, la faim, nous procurent, tour à tour et simultanément, une perception suffisante de notre existence. Après tout, souffrir n'est-ce point encore penser ; comme aussi, bien souvent, penser n'est-ce pas souffrir !...

Dès notre arrivée, nous apprîmes avec surprise que le général Maurandy était mis en disponibilité, sans qu'il fût encore pourvu à son remplacement, et que le général de division Sol, qui commandait à Tours, venait de donner l'ordre écrit à M. le commandant Périer, de reconduire le régiment à Limoges, où, plus vite que partout ailleurs, on pouvait, avec les hommes du dépôt, combler les vides de nos compagnies et pourvoir à ce qui nous manquait du côté de l'équipement.

Après quelques heures, nous nous embarquâmes dans un train auquel l'encombrement de la voie ne devait permettre de partir que le lendemain au matin (12 décembre). Mais comme on négligea de nous informer de cette circonstance, nous demeurâmes en gare toute la nuit, ce qui simplifia singulièrement la question du logement.

DEUXIÈME PARTIE

CHAPITRE VIII.

Limoges.

Le train qui nous emportait, forcé de passer par Angoulême, Coutras et Périgueux, ne nous déposa qu'après quarante-huit heures à Limoges (13 décembre, soir).

Hélas! il faut bien reconnaître qu'on nous y reçut..... sans enthousiasme. Nous en eûmes tout d'abord la preuve, non-seulement dans l'attitude presque insultante d'une partie de la population, mais encore dans le peu de soin qu'on prit de procurer quelque bien-être à ces hommes qui venaient de traverser courageusement tant de périls, qui sans jamais se plaindre avaient supporté tant de fatigues. Ah ! certes, grande fut alors notre indignation ; et si cependant nous nous renfermâmes dans un dédaigneux mutisme, qu'on le sache bien, c'est que l'absurdité et la violence des accusations dont on nous poursuivit ne nous semblaient devoir inspirer, aux gens sages et aux cœurs honnêtes, que l'incrédulité et le mépris.

Mais à quoi bon rappeler ce pénible souvenir !

Nous nous bornerons à reproduire, sans y joindre un seul commentaire, deux documents qui appartiennent à l'histoire du 71ᵉ mobile, et qui nous sont trop honorables pour les passer sous silence.

Le 23 décembre, notre digne aumônier, demeuré jusque-là près de nos blessés, auxquels il prodigua des soins véritablement paternels, était de retour à Limoges, et il écrivait au rédacteur en chef du *Courrier du Centre* :

« Monsieur le rédacteur,

» Si j'étais moins occupé de fournir des ren-
» seignements aux pauvres parents des blessés
» et des morts de notre mobile, je voudrais ren-
» dre à la conduite de ces braves enfants de
» notre département, qui sont pour moi deve-
» nus une famille ardemment aimée, un hom-
» mage bien mérité ; je ne puis pas le faire en
» ce moment. Mais consacrer quelques lignes à
» les faire mieux connaître, est pour moi le
» premier des devoirs et le besoin le plus impé-
» rieux d'un cœur qui a été meurtri de plusieurs
» manières et qui leur a voué toute l'énergie
» d'affection dont il est capable.

» A Limoges et dans tout le département, on
» a connu les souffrances de leur vie militante,
» et on y a compati ; mais ce qu'on n'a pas assez
» connu, ce sont les vertus qui se sont dévelop-
» pés à cette rude école de la vie des camps ; c'est
» l'union des cœurs dans une même noble pas-
» sion : la délivrance de la patrie ; c'est l'effa-

» cement des opinions devant le devoir, c'est la
» justice que tous savaient rendre à chacun,
» sans distinction de classe et de position so-
» ciale. La présence de l'aumônier parmi nos
» mobiles a bientôt été non-seulement acceptée
» de tous, mais saluée avec bonheur par la géné-
» ralité.

» Quand le jour de la bataille, qui semblait
» toujours trop s'éloigner au gré de nos désirs,
» est venu, il a trouvé les cœurs fermes et
» résolus.

» On a marché au feu avec ordre et entrain,
» et l'on tremblait si peu devant le bruit et la
» fumée d'une redoutable artillerie, qu'on a
» accueilli par les rires et les cris accoutumés
» le gibier qui courait effaré dans nos rangs
» ou volait au-dessus de nos têtes. Bientôt les
» bombes et les boulets qui tombaient en arrière
» se sont rapprochés, le tir de l'ennemi a été
» rectifié et les projectiles ont plu sur nous.

» C'est alors que les bataillons ont opéré leur
» mouvement en avant au pas accéléré, puis ils

» sont restés plusieurs heures sous un feu meur-
» trier qui les décimait. Demeurer immobile
» dans une pareille position est la marque la
» plus certaine du courage. Nos mobiles ont eu
» ce courage : ils en ont eu un autre non moins
» incontestable. La retraite commencée par un
» autre régiment que le nôtre, sur l'ordre du
» général, *s'est opérée en infligeant des pertes sé-*
» *rieuses à l'ennemi.* Si au lieu de rester immo-
» biles, nos soldats eussent dû marcher en
» avant et se précipiter sur les batteries enne-
» mies, ce mouvement, accompli avec élan eût
» excité l'admiration universelle. Nous en avons
» la preuve dans la vigueur qu'ils déployèrent
» pour exécuter l'ordre de marcher en avant.
» Marcher la baïonnette en avant est ce qui
» convient à notre caractère, mais je suis con-
» vaincu qu'il faut plus de courage pour atten-
» dre en repos et recevoir avec calme la mort
» que vomissent les canons dans ces grandes
» joutes où l'artillerie domine.

　　» A la bataille de Terminiers, les obus écla-

» tant sur le sol durci par le froid, renversaient
» des masses d'hommes.

» S'il y avait des esprits assez légers pour
» accuser sans connaissance de cause nos mo-
» biles d'avoir manqué de courage, je voudrais
» en affirmant ces choses et en présentant ces
» observations, ramener à des sentiments plus
» équitables des hommes pour qui tant de bra-
» ves enfants ont donné leur vie.

» Ah ! s'ils les avaient vus souffrir avec rési-
» gnation leurs atroces douleurs, s'ils avaient
» vu leur nombre, ils trouveraient peut-être que
» la résistance a été courageuse, et ils seraient
» de l'avis des chefs ennemis qui, le soir de la
» bataille, faisaient l'éloge de la mobile, et cons-
» tataient avec douleur qu'elle leur avait fait
» beaucoup de mal. CEUX QUI N'ONT RIEN SOUF-
» FERT N'ONT PAS LE DROIT D'ATTAQUER CE JUGE-
» MENT DE NOS ENNEMIS.

» Le drapeau du régiment peut être montré
» avec orgueil, je l'affirme, parce que je sais
» qu'il a reçu noblement le baptême du feu.

» Respectons la douleur des familles nombreu-
» ses, si cruellement atteintes, et qui peuvent
» prétendre au moins à la gloire d'avoir eu de
» nobles et courageux enfants morts pour la
» patrie.

» FAGOIS,

» Aumônier de la mobile de la Haute-Vienne. »

Quelque publicité qu'ait eu cette lettre, nous
ne nous étions pas cru autorisé à la rééditer
sans l'assentiment de son auteur.

Voici en quels termes M. l'abbé Fagois, chevalier de la Légion d'honneur, vicaire à Guéret,
répondit à notre demande :

« Monsieur,

» C'est avec bien du plaisir que je vous auto-
» rise à publier la lettre que j'écrivis sur la con-
» duite du 71e, le 2 décembre. Je n'ai rien à y
» retrancher ; *et si j'avais connu alors l'élan avec*
» *lequel le 1er bataillon atteignit avec le 40e de*

12

» *marche jusqu'aux abords même du bourg de*
» *Lumeau*, je n'aurais pas manqué de le si-
» gnaler.

» L'ingratitude et l'injustice de quelques-uns
» de nos compatriotes avaient rempli mon âme
» de dégoût et d'indignation ; et malgré la mal-
» heureuse surprise de Chambord, que je ne con-
» naissais qu'imparfaitement alors, je maintiens,
» encore aujourd'hui, qu'on a été bien injuste
» envers la mobile.

» Je suis heureux, etc.

» Fagois. »

Quelques jours plus tard, ce fut le tour de notre colonel.

Rentré à Limoges, après s'être évadé de
Chambord, c'est au milieu des cruelles souffrances que lui causa une seconde réduction de la
fracture de sa jambe, jugée nécessaire, et alors
qu'il était lui-même en butte à d'odieuses sus-
picions, à d'irritantes et indignes enquêtes, qu'il
adressa, de son lit de douleur, au même journal,

l'énergique protestation qui suit sous forme
d'un ordre du jour :

« OFFICIERS, SOUS-OFFICIERS ET SOLDATS
» DU 71ᵉ RÉGIMENT DE LA GARDE MOBILE.

» Un ordre de notre général en chef vous
» rappelant sur le théâtre de la guerre, j'éprou-
» ve le besoin de vous remercier cordialement
» de toutes les marques de sympathie que vous
» n'avez cessé de me donner depuis que j'ai
» l'honneur d'être votre chef, et vous exprimer
» en même temps le regret de ne pouvoir, pen-
» dant quelque temps encore, vous conduire
» sur de nouveaux champs de bataille.

» La malheureuse affaire de Chambord, dans
» laquelle j'ai été la première victime, a été pro-
» duite *par des circonstances de force majeure*
» *indépendantes de notre volonté*, et dont la res-
» ponsabilité ne saurait retomber sur les quatre
» régiments de la 3ᵉ division du 16ᵉ corps.

» La vérité ne peut tarder à être connue; et
» votre réputation, j'espère, sortira intacte de

» l'enquête qui se fait en ce moment. A ceux
» qui voudraient douter de votre courage, oppo-
» sez le témoignage du général prussien qui com-
» mandait à Lumeau, en avant de Terminiers,
» le 2 décembre. Il demanda quelles étaient les
» TROUPES D'ÉLITES qui lui avaient été opposées,
» et qui, *pendant trois heures, avaient essuyé, sans*
» *broncher, le feu de soixante pièces d'artillerie,*
» dont le tir était remarquable par sa précision.
» Ce général ne voulut jamais croire que les
» troupes d'élite dont il parlait étaient de la
» mobile et voyaient le feu pour la première
» fois. Cette parole, tombée des lèvres d'un
» ennemi implacable, est le plus bel éloge qu'on
» puisse faire de votre attitude en présence du
» danger.

» Soyez calmes, ayez du sang-froid dans les
» combats, écoutez la voix de vos chefs, et, quoi
» qu'il arrive, ne vous débandez jamais. Songez
» qu'au point de vue même de sa propre con-
» servation, une troupe court beaucoup moins
» de danger en marchant réunie qu'en prenant

» la fuite. Certes, les meilleures troupes sont
» souvent obligées de-battre en retraite devant
» des forces plus considérables ; mais elles doi-
» vent le faire en bon ordre, et ne jamais se
» laisser entamer. Tout en cédant du terrain,
» elles doivent marcher de manière à infliger à
» l'ennemi des pertes quelquefois plus sensibles
» que dans un mouvement offensif. En résumé,
» la discipline étant la première des vertus mi-
» litaires, vous ne subirez jamais de désastres si
» vous êtes disciplinés.

» Je ne veux pas me séparer de vous sans
» donner quelques larmes de regrets à ceux de
» nos camarades tombés bravement et morts
» courageusement pour la défense de la patrie.
» L'un d'entre eux, le capitaine Bardinet, qui
» avait mérité toute mon estime et su gagner
» mon affection, doit être cité en première ligne.
» Ce brave et jeune officier, au cœur noble et
» généreux, aux sentiments patriotiques forte-
» ment accentués, a succombé en véritable hé-
» ros. Que cette mort glorieuse nous serve

12.

» d'exemple, et que nous sachions tous, pendant
» cette campagne, faire abnégation de nous-
» même pour contribuer à chasser l'ennemi du
» sol de notre belle France.

» Illustres compatriotes morts au champ
» d'honneur!... vos noms, en traversant le sé-
» pulcre, ont pénétré dans l'immortalité; consa-
» crés par l'histoire dans la Haute-Vienne, ils
» resteront comme des brillants jetés dans la
» postérité, pour y rehausser l'éclat de la vertu
» et la gloire de la patrie.

» Limoges, le 30 décembre 1870.

» *Le lieutenant colonel commandant le 71ᵉ de la garde mobile,*
» *Signé :* PINELLI. »

Nous n'ajouterons pas un mot. Chacun, sans
qu'il soit nécessaire d'insister, comprendra la
valeur de ce double témoignage. Sans doute
ce prêtre qui, pendant huit longs mois si remplis de fatigues et de dangers, ne fut pas seulement le médecin de nos âmes, mais aussi le
médecin de nos corps, et qui nous accompagna

ferme et stoïque jusqu'au milieu des balles, pouvait parler d'abnégation et de dévouement. Ce soldat, qui par trente-deux années d'une laborieuse existence militaire avait chèrement acheté le droit de se reposer, et qui néanmoins, le jour où la patrie fut en danger, s'arrachant sans faiblir aux embrassements de sa famille en pleurs, retrouva toutes les énergies de sa jeunesse, devait se connaître en vrai courage.

Cependant, comme les chiffres ont une éloquence sans rivale, *nous dirons qu'après Loigny et Chambord, le 71ᵉ avait perdu en morts, blessés, prisonniers et malades, à peu près le tiers de son effectif.* On comptait trois officiers tués : **MM. A. Bardinet et C. Deshayes, capitaines ; L. Desgranges, sous-lieutenant.** Dix autres blessés, dont quelques-uns très grièvement : **MM.** Pinelli, lieutenant-colonel ; Tunis, Amasselièvre, Loupias, Henri, de Bruchard, capitaines ; Constant, Chevalier du Fau, du Portal, lieutenants ; Mazabreau, sous-lieutenant ; neuf prisonniers : MM. Duval, chef de bataillon, Lagrange, Thouvenet, Descoutures, Chabrol, Lemaître, capitaines ; de Livron, du Boucheron, Chambrelent, lieutenants ; ce dernier, ainsi que les capitaines Chabrol et Lemaître, put s'évader. M. Duteillet de Lamothe, chef du 1ᵉʳ bataillon, malade.

Il était facile de prévoir que notre séjour à Limoges ne serait pas de longue durée ; on se mit donc à l'œuvre avec ardeur. Bientôt, varenses en lambeaux, pantalons délabrés, chaussures sans semelles, sacs, tentes, armes détériorées ou perdues, tout fut remplacé.

D'autre part, M. le commandant Périer préparait activement les états de propositions pour la reconstitution des cadres. Ces diverses occupations nous conduisirent jusqu'au 30 décembre. Vingt-quatre heures encore, et le régiment réorganisé, remis à neuf, renforcé d'un certain nombre d'hommes empruntés au dépôt, allait pouvoir réoccuper convenablement son rang dans les lignes de la 2ᵉ armée de la Loire. Mais ce jour-là même, et avec les plus pressantes instances, le général Chanzy nous rappelait du Mans, où se préparaient des évènements de la dernière gravité.

La 2ᵉ armée n'avait dû, en effet, qu'à la stupéfaction profonde dont l'ennemi avait été frappé à la vue de cette audacieuse retraite, qui annulait pour ainsi dire sa victoire, n'éloignant qu'insensiblement le général Chanzy de son objectif; les courts instants de répit qui lui permirent de prendre un repos bien insuffisant au sortir de tant d'accablantes épreuves. Un moment même, soit que le prince Frédéric-Charles eût été trompé sur le nombre et la valeur des renforts qu'avait pu fournir le camps de Conlie, d'où on ne retira en réalité que dix à douze mille hommes mal commandés, diversement armés et qui arrivèrent au Mans sans munitions; soit, ce qui est plus probable, que ses troupes fussent, elles aussi, lassées et démoralisées par ces marches rapides et ces luttes incessantes, le général prussien parut s'immobiliser dans ses positions et, sur différents points, fit ébaucher des travaux de fortifications ou de retranchements. Le général

Chanzy connaissait trop son adversaire pour se laisser prendre à ces trompeuses apparences de calme et de lassitude. D'ailleurs Paris l'attendait : Paris où déjà les vivres se faisaient rares, où l'enthousiasme irréfléchi s'était évanoui comme une vaine fumée ; Paris, auquel deux ou trois insignifiantes tentatives de sorties avortées avaient peut-être enfin démontré son impuissance.

Cette situation, chaque jour aggravée, ne permettait ni trêve ni relâche ; aussi le général en chef, tout en pressant l'envoi des renforts attendus, si inefficace que dût être leur concours, ne négligeait-il rien pour hâter la reformation de ses corps d'armée, de ses divisions, de ses brigades, des régiments de marche et de mobiles dont il avait pu en maintes circonstances apprécier la solidité relative, qu'avait instruits une courte mais terrible expérience de la guerre, qui, pour tout dire, paraissaient plus propres à un service actif immédiat que les troupes mobilisées, improvisées, et que pour la plupart l'élection des chefs par les soldats avait pourvues d'officiers dont la bravoure ne compensait point l'incapacité notoire (1).

Dès le matin du 31 décembre, deux trains composés en grande partie de ces wagons ouverts à tous les vents et affectés au transport des bestiaux, étaient préparés à l'embarcadère de Limoges. Ils devaient se suivre à une courte distance. Le premier partit vers onze heures. Bientôt s'enfuit la ville aux toits couverts de neige, puis les coteaux connus qui cachaient dans leurs plis villages et chaumières, d'où plus d'un put voir au travers des arbres, dont le vent secouait la blanche toison, monter dans le ciel gris la colonne de fumée du foyer paternel.

_____

(1) Il n'entre point dans notre pensée, loin de là, de froisser de légitimes susceptibilités, mais enfin nous avons connu, entre autres, un régiment de mobilisés *illustré* de plusieurs capitaines qui ne savaient ni lire ni écrire. Dans ces conditions, un homme quel que soit son courage et son intelligence, eût-il vingt ans de service, ne fera pas même un *caporal passable*.

Le train n'ayant pas, tant s'en faut, l'allure de
l'*express,* n'entra qu'assez avant dans la nuit en
gare de Poitiers, et s'y arrêta jusqu'au jour. A
Tours, autre station ; plus de neige sur la terre,
mais un froid âpre et un ciel clair sous lequel
court un vent glacé dont la rapidité de notre
marche excite la morsure. Si bien qu'à l'arrivée
au Mans, un peu après la chute du jour (1er janvier, sept heures du soir), il fallut transporter à
l'ambulance un de nos hommes qui avait eu les
pieds gelés. La halle attendait les autres, garnie
d'une épaisse couche de paille que nous ne tar-
dâmes guère à leur envier, car nous ne trouvâmes pour abri, cette nuit là, qu'une salle
d'auberge, mal close et veuve de son calorifère,
avec toute faculté d'opter, pour nous étendre, entre la table, les chaises et le parquet graisseux.
Métaphore à part, c'était dur.

CHAPITRE IX.

—

Il n'est point de *diane*, pour réveiller son homme, qui vaille une bonne gelée avec une escouade de frissons qui vous harcèlent et vous aiguillonnent depuis la plante des pieds jusqu'à la racine des cheveux. Aussi, dès qu'apparut la première lueur du 2 janvier, chacun se trouva debout, sauf deux ou trois dormeurs déterminés, de l'espèce de ceux dont on dit vulgairement qu'ils *dormiraient dans l'eau*, qu'on abandonna à leur sort après avoir vainement essayé d'en tirer autre chose que des grognements indistincts ou d'épouvantables apostrophes. Aussitôt

13

nous nous répandîmes par la ville : les uns marchant à la découverte des curiosités de toutes
sortes, les autres à la recherche d'un déjeuner.
Convenons, au reste, que nul ne résistera à la
séduction d'une tasse de café fumant, voire d'une
odorante soupe à l'oignon, si l'occasion vient
nous l'offrir.

Le Mans couvre une colline dominée de tous
côtés par des hauteurs circonvoisines, sur lesquelles croissent de nombreux bois de pins qui
ferment tristement un triste horizon. Deux ri-
vières enceignent la ville, puis se rejoignent :
l'Huisne et la Sarthe. Cette chaîne de coteaux,
et les vallées avec leurs cours d'eau, forment
une ligne de défense sur laquelle le général en
chef prépare activement une énergique résistance. A cette heure matinale, tandis que les habitants reposent encore, volets et portes closes,
nous voyons défiler, dans plusieurs directions,
des régiments de cavalerie, de gendarmerie à
pied et à cheval, et des mobiles qui de leur couvertures étendues, se sont fait un manteau,

lequel ne peut, hélas! dissimuler le délabrement de leur pauvre costume. A leur suite passent cinq ou six batteries d'artillerie, dont les pièces toutes neuves se rangent sur les bas côtés des.rues et des boulevards.

Ville industrielle et manufacturière, le Mans semble au premier abord dédaigneux des embellissements modernes. Cependant les quartiers excentriques, largement percés, ont de belles maisons et de grands jardins que les propriétaires n'entourent pas jalousement de hautes murailles; la plupart, fermés par des grilles, se laissent voir aux passants qui peut-être fouilleront d'un regard indiscret les allées ombreuses pour y surprendre quelque secret de l'intimité. Ce n'est point le cas pour nous; l'heure s'y prêterait mal d'ailleurs. Ces oasis, où seuls quelques arbres à feuilles persistantes ont pour le moment conservé un peu de verdure, sont déserts. Si quelque Roméo cause avec Juliette par cette piquante matinée, j'aime à croire qu'ils tiennent la fenêtre fermée, car on n'entend ni

le rossignol ni l'alouette. C'est presque au centre de la ville qu'on peut voir une partie de
l'enceinte de l'antique *Suindinum*. C'est là qu'on
retrouve aussi de nombreux vestiges du moyen
âge, notamment une porte et deux tours, seuls
restes du puissant château de Guillaume le
Conquérant, et deux ou trois poétiques demeures aux toits anguleux, à tourelles à encorbelle-
ments contournés à la base comme la coquille
d'un colimaçon. L'une porte le nom de la reine
Bérangère (1), veuve du roi Richard Cœur-de-
Lion qui, comme chacun sait, mourut en Limousin, où il faisait le siége du château de
Chalus-Chabrol, l'an 1199.

Mais il faut nous hâter, car aujourd'hui
même nous devons reprendre notre place de
bataille à Changé; c'est à peine si nous pouvons consacrer une heure encore à une visite à

---

(1) Les antiquaires déclarent que cette dénomination est
erronnée. Tout au plus cette maison, de construction
évidemment très postérieure, a-t-elle pris la place de
celle de la veuve du roi Richard.

la belle cathédrale dont le porche, curieusement sculpté, nous montre un Père éternel en
longue barbe, entouré des trônes, des séraphins,
des archanges et des dominations; puis de différents tableaux dont l'apocalypse a fourni les
étranges sujets. Nous ne sommes point, Dieu
merci, de ceux qui s'égayent à la vue d'une
image pieuse de forme grossière et grotesque.
Volontiers cherchons-nous dans les rares chefs-
d'œuvre intacts du temps passé une pensée
simplement traduite, et dont la touchante expression fait rêver. Eh bien, là comme en maint
autre lieu, notre impression reste en suspend.
L'achèvement de certaines parties, le fini spiri-
tuel de quelques détails nous feraient plutôt
croire au scepticisme qu'à la naïveté de l'artiste,
à une intention plutôt railleuse que dévote;
c'est bien à ce propos que se peut citer au reste
la fameuse devise britannique : *honni soit qui
mal y pense!*

En sortant de la cathédrale par la porte sud,
on trouve un escalier rapide au bas duquel le

froid vient de transformer une fontaine jaillis-
sante, dont les eaux retombent dans trois vasques d'inégale grandeur, en un seul bloc de cris-
tal ; à la suite, une vaste place qu'on élargit et
qui est mal déblayée des débris de récentes dé-
molitions ; puis le théâtre, lourde masse carrée ;
derrière, une promenade plantée d'arbres et qui,
par sa disposition, laisse encore deviner la forme
de l'amphithéâtre romain dont elle a pris l'emplacement. *Sic transit gloria mundi.* Sur le sable de
l'arène qui but le sang des gladiateurs, aux lieux
mêmes où les belluaires attisaient la fureur des
bêtes féroces, auxquelles on servit peut-être des
repas de martyrs, les enfants jouent d'ordinaire
insoucieux, et pour l'heure quelques maigres
rosses de notre artillerie, détachées des caissons
fangeux et disloqués, rongent mélancoliquement
l'écorce des arbres.

Quelques heures plus tard nous traversions
la lune... *la lune de Pontlieue*, place circulaire
d'où rayonnent cinq ou six routes, comme les
jantes du moyeu ; et après une longue station à

l'ancienne abbaye de Lépau, dont la belle chapelle ogivale en ruines, couverte de lierre, et transformée en un vaste hangar, abritait les cavaliers et les chevaux de l'escorte du général Bourdillon, nous arrivions à la nuit tombée au bourg de *Changé*.

Qui donc se rappelle autre chose de Changé que la petite place, l'humble église, la modeste auberge dont l'enseigne en fer blanc grinçait au vent comme une vieille girouette rouillée, un ruisseau gelé courant dans des prairies jaunâtres, et bordé de peupliers grelottants, un village composé de cinq ou six pauvres maisonnettes, sur la limite du parc giboyeux de M. le marquis de Nicolaï; enfin, le charmant castel de la *Paillerie*?

A huit kilomètres du Mans environ, sur la route de Parigné-l'Évêque, on trouve, au sortir d'immenses bois de pins, une large avenue de hêtres, au bout de laquelle s'aperçoit le petit château de la Paillerie, dont le propriétaire, feu le général de Lespart, a été tué à Sedan. Située au milieu d'un parc anglais, cette élégante habitation est accompagnée d'assez vastes dépendances, dont trois ou quatre grandes fermes.

C'est là que, promu au grade de capitaine, j'allai prendre le commandement de la 6ᵉ compagnie du 2ᵉ bataillon (1).

Madame de Lespart ayant quitté sa maison des champs pour sa maison de ville, transformée en ambulance, nous étions à la Paillerie maîtres et seigneurs. Toutes les chambres avaient été métamorphosées en dortoirs ; et deux fois le jour la jolie salle à manger nous voyait réunis autour d'une table presque luxueuse, sur laquelle trois ou quatre des fameuses *poulardes* firent une triomphale apparition ; apportant une agréable diversion à notre ordinaire très acceptable, quoique invariablement composé de *rognons et de filets* de bœuf. Circonstance digne de remarque,

(1) Un grand mouvement venait d'avoir lieu dans les cadres, et les vides étaient à peu près comblés.

mais qui ne saurait étonner le lecteur, pour peu qu'il ait été capitaine *et de semaine.*

Ainsi confortablement installés, et à peu de chose près affranchis de service, nous attendions fort doucement les événements, quand le 6 janvier un ordre de départ vint nous surprendre au milieu des rêves agréables du premier sommeil.

Le lendemain nous nous éveillons vers quatre heures, dans de moroses dispositions. Pour comble de chance, il pleut à verse; et c'est trempés jusqu'au fil le plus intime que nous entrons dans la gare du Mans, où, cinq heures durant, nous attendons le train qui doit nous rallier au 1er bataillon, parti depuis plusieurs jours pour Château-Renault.

Château-Renault, ou Châteaurenaud, est un chef-lieu de 3,500 habitants, renommé par ses tanneries, une grande fabrique de draps et une de colle forte; toutes choses qu'on sent dès l'arrivée, avec autres *choses* aussi, qu'y ont laissé les troupes qui nous précèdent, et dont on as-

13.

sures que les brahmines de l'Inde font grand cas.

Après avoir longtemps cherché, nous découvrons avec peine un coin non *embrahminé*, et nous nous en accommodons pour dormir. Cependant le 3ᵉ bataillon, arrivé par un second train fort avant dans la nuit, bivouaque à la gare où s'arrange des wagons.

Le 8 janvier, en gens vertueux, nous assistons au lever de l'aurore, rangés en bataille et dissimulés derrière les murs du cimetière, où les ifs et les cyprès, agités par un vent violent, murmurent tristement leur refrain lugubre. Après tout, dans la circonstance, autant ce voisinage qu'un autre ; et comme dit un caporal : *Ceux qui seront tués n'auront pas loin à aller.* Le temps s'écoule et l'ennemi n'arrive point. Après être descendus jusqu'au village voisin de Neuville, nous revenons sur nos pas et nous nous reformons sur la route de Vendôme. Devant nous, à deux kilomètres environ, s'étend la forêt ou fut tué le fameux la Renaudie, l'un des principaux chefs de la conjuration d'Amboise (1560). D'instants en instants nous nous attendons à voir déboucher par là de longues files de casques à pointe ; le 3e bataillon s'avance dans cette direction, rien n'apparaît cependant. L'heure du déjeuner est passée, celle du dîner passe, et toujours le canon tonne au lointain. A l'horizon on distingue vaguement un régiment de ligne qui se couvre par un cordon de tirailleurs ; près de nous, deux escadrons de cavalerie de marche, dont les énergiques petits chevaux arabes piaffent d'impatience, demeurent bride en main ; un peu plus loin, une douzaine de haridelles font de sombres réflexions sur l'inconvénient de traîner après soi trois pièces de quatre et deux obusiers de montagne.

Le long jeûne que nous subissions, le froid qui nous étreignait n'étaient pas pour colorer de rose nos pensées, encore assombries à la vue du morne défilé des pauvres gens qui fuyaient devant l'invasion, presque sans but, en proie à une terreur qui se trahissait dans la précipitation de leur marche et dans l'expression navrante du faible sourire de bienvenue qu'ils nous adressaient au passage.

Ceux qui n'ont pas vu ces femmes en pleurs, à demi-vêtues, emportant un enfant encore à la mamelle, tandis que deux ou trois autres s'attachent à leur robe ; ceux qui n'ont pas vu les chefs de familles, poussant devant eux leur bétail effaré et guidant le chariot où ils ont entassé à la hâte quelques misérables hardes, de temps en temps regardant en arrière avec angoisse comme s'ils s'attendaient à chaque instant à voir monter dans le ciel, du penchant du coteau, de l'angle du bois, du carrefour ou le chemin tourne et s'enfonce dans la vallée, la lueur et la fumée de 'incendie qui dévorera leurs chaumières, leurs granges, leurs moissons entassées ; ceux-là ne sauraient comprendre l'indignation, la pitié, la rage et la soif de vengeance qui remplissaient nos cœurs.

Notre tour de marcher n'était pas venu.

Vers huit heures du soir nous rentrâmes à Château-Renault, plus lassés de cette harassante immobilité que nous n'eussions pu l'être après une étape de dix lieues.

C'est pendant cette interminable journée que nous fîmes connaissance avec notre nouveau lieutenant-colonel, M. le comte de Beaumont, précédemment chef de bataillon aux mobiles du département d'Indre-et-Loire. M. le comte de Beaumont, dont nous n'aurons guère occasion de parler, arrivait au régiment précédé d'une belle réputation de bravoure et de fermeté. Je ne crois pas que jamais chef de corps ait reçu un commandement dans des conditions plus favorables. Nous avions une revanche à prendre, pour laquelle nous étions préparés à tous les sacrifices. L'expérience nous avait disciplinés mieux que ne l'auraient fait les rigueurs des supérieurs, et la conscience du danger nous alignait non moins bien que l'adjudant-major. En d'autres circonstances, les officiers n'eussent peut-être pas accueilli sans déplaisir et sans conteste l'étranger qu'on plaçait à leur tête. J'ai dit un étranger, car on n'avait pu faire en somme que la mobile fût une troupe comme une autre; à défaut de l'esprit de corps, elle avait *l'esprit de clocher* aussi vivace et aussi fécond, quoi qu'on en ait dit. En vérité, il semble qu'on puisse être au moins aussi jaloux de l'honneur de son pays que de la gloire d'un numéro ! Quoi qu'il en soit, il était très facile au nouveau lieutenant-colonel de gagner toutes les affections, de conquérir toutes les sympathies. Vis-à-vis du plus grand nombre, il semble qu'il lui ait plu de se contenter de l'estime.

La dernière vibration de minuit tremblait dans les vitres de la petite chambre où je partageais avec mon lieutenant un très mince matelas, lorsqu'un pas lourd se fit entendre sur l'escalier. Nous eûmes comme un pressentiment.

La porte venait de s'ouvrir; un planton demandait de la part du général un officier du 71ᵉ qui transmit au colonel, introuvable, l'ordre de quitter Château-Renault avant sept heures du matin. Dix minutes plus tard j'étais chez le général

«Vous savez, capitaine, où est logé votre colonel ?

— Non, mon général.

— Vous devriez le savoir. En tous cas, il importe peu ; il faut me le découvrir d'ici un
quart d'heure, allez ! »

Parbleu, pensais-je, quand je me retrouvai
dans la rue, contraint de disputer mon manteau
à un vent endiablé, le général en parle à son
aise. Et tout aussitôt, me voilà, de porte en
porte, carillonnant, tambourinant et réclamant
le colonel, comme un objet perdu pour lequel
on promet une récompense honnête. Enfin,
après avoir réveillé les deux tiers de la population de Château-Renault avec cet invariable refrain : «Avez-vous dans la maison le colonel des
mobiles de la Haute-Vienne, M. le comte de
Beaumont ? » J'entrevis le terme de mes pérégri-
nations nocturnes. Encore un ou deux voyages
du colonel au général et réciproquement, puis
je fus quitte de ma corvée. On peut aisément
croire que j'étais pressé de regagner mon pauvre

lit d'anachorète. Il me fallut pour cela retra-
verser toute la ville, en haut de laquelle la lune
découpait nettement, sur le fond argenté du
ciel, la silhouette sévère des tours crénelées du
vieux château féodal, et où, çà et là, quelques
lueurs discrètes, filtrant aux joints des portes et
des persiennes, témoignaient non-seulement de
l'inquiétude des habitants, mais encore de la
gêne que leur causait notre présence.

Vers six heures (9 janvier), le défilé commença. Les chefs de corps avaient en vain représenté au général qu'un départ aussi précipité
allait mettre le comble à la fatigue et à l'épuise-
ment de leurs troupes, dont quelques-unes (et le
71ᵉ était du nombre) n'avaient point eu de distribution de vivres depuis deux jours. On disait
que par l'une de ces habiles manœuvres qui lui
sont familières, l'ennemi s'était contenté la veille
de nous amuser à des démonstrations sans importance, profitant du trouble où il nous jetait
pour occuper des positions qui rendaient la défense de Château-Renault impossible et notre

situation on ne peut plus mauvaise. En un mot,
nous étions... *tournés*, comme toujours. Nous ne
savons encore aujourd'hui ce qu'il en faut croire,
et nous ne pouvons nous défendre de penser
qu'on a toujours un peu surfait le mérite des
généraux prussiens au détriment des nôtres.
Volontiers croirions-nous également (mais c'est
là peut-être de la présomption) que nous n'étions
pas aussi mauvais soldats qu'on s'est efforcé de
nous le persuader. Dieu sait cependant si on a
rien négligé pour nous enlever cette dernière et
douce illusion. Les Français n'ont eu et n'auront
jamais de plus impitoyables détracteurs qu'eux-
mêmes.

A quelques kilomètres de la ville, d'où nous
étions sortis par la grande route de Neuillé-
Pont-Pierre que nous devions quitter au bourg
de Saint-Laurent pour redescendre par une
route communale percée à travers la forêt de
Beaumont, sur Nouzilly et Rouziers, la neige
commença de tomber épaisse à nous aveugler.
Ainsi se trouvaient retardés l'artillerie et le

fourgons qui encombraient le chemin, et nous forçaient à de courtes haltes plus fatiguantes que la marche.

C'était une belle occasion pour l'ennemi de nous poursuivre, car il était entré à Château-Renault bientôt après notre sortie. Mais il se contenta heureusement de lancer sur nos traces deux ou trois volées de uhlans qui accélérèrent les *traînards* que tire inévitablement après soi toute armée et dont c'est la grande affaire de s'arranger, en toutes circonstances, pour être les derniers des derniers. Peu s'en est fallu que quelques-uns n'aillent apprendre en Allemagne comment on doit se tenir dans les rangs. Cependant, comme on les accueillit à coups de fusil, les uhlans ne jugèrent pas à propos d'insister; d'autant plus que deux compagnies de chasseurs d'Afrique venaient de faire volte-face.

Ceci mit fin à leur irrésolution, et bientôt on les vit s'enfuir ventre à terre.

Nous n'avions pas fait plus de vingt-huit

kilomètres quand nous arrivâmes à Rouziers.
Mais ceux-là comptaient double, grâce à l'épouvantable bourrasque qui s'abattit sur nous.

A Rouziers, village de six à sept cents habitants, nous trouvâmes un large accueil. La
plupart des compagnies purent acheter sur le
boni d'excellents moutons, que le grand sacrifi-
cateur du lieu immolait avec la plus aimable
complaisance, et qu'il nous livrait à des prix qui
nous inspireraient une haute idée de son patriotisme, si nous ne pensions que le rapprochement
des Prussiens y était pour quelque chose. Mieux
vaut, je crois, ne pas approfondir. On se remit
bien vite, et il en était ainsi chaque fois que
nous avions un peu de repos et de bien-être. La
nuit et la matinée suivantes furent assez calmes;
mais dans l'après-midi nous dûmes subir une
prise d'armes de cinq heures, les pieds dans la
neige, et d'instants en instants, entendant annoncer les coureurs de l'ennemi qu'une illusion
d'optique, par cette journée brumeuse, nous
montrait dans le tronc d'un vieux pommier

lointain, ou dans quelque buisson agité par le
vent.

Nous quittâmes Rouziers à huit heures du
soir (10 janvier). Depuis longtemps déjà la
nuit froide et sombre nous enveloppait. La neige
tombait serrée, à moitié congelée, piquante
comme grêle. Elle s'attachait à nos vêtements,
aux couvertures des hommes étendues par-dessus le sac et nous habillait en fantômes. Tandis
que nous avancions, péniblement courbés, lut-
tant contre un vent terrible pour demeurer debout, elle nous aveuglait et nous mordait au
visage, fouettée en tous sens par de hurlantes
raffales. Pour comble de misère, le guide, qui
nous conduisait par des chemins de traverse, en
vint à ne plus se reconnaître au sortir d'un bois
assez étendu, d'où nous débouchâmes dans une
plaine coupée de clôtures invisibles auxquelles,
à travers cette obscurité sans éclaircies, on se
heurtait tout à coup. C'étaient alors d'interminables temps d'arrêt, pendant lesquels le froid
nous pénétrait jusqu'aux os, et ensuite des cour-

ses insensées pour les dernières *files*, obligées de
rattraper le terrain perdu au passage d'un fossé
où de l'étroite entrée d'un champ.

Enfin, après plus d'une heure de cette marche
fatiguante, dont seuls quelques jurons énergiques mais contenus, échappés à ceux qui tré-
buchaient sur le sol inégal, rompaient le silence,
nous rencontrâmes les pâlis du chemin de fer.
Dès lors, longeant la voie jusqu'au premier passage à niveau, nous avancions avec la certitude
de retrouver facilement la grande route du Mans
à Tours. Bientôt, en effet, nous l'atteignions un
peu en avant de Neuillé-Pont-Pierre, que nous
traversions sans rien voir.

Vers quatre heures du matin on s'arrêta aux
abords de Château-du-Loir, et il ne vint assurément à l'esprit de personne que tant de souffrances et de fatigues, sous le poids desquelles
plus d'un avait déjà faibli et dû rester en arrière, n'étaient que le court prélude de fatigues
bien autres, de souffrances autrement cruelles.
L'espèce de faubourg qui nous était échu pour

le logement comptait à peine quelques maisons
et quelques granges lointainement espacées,
et qui nous ménageaient bon nombre de désa-
gréables surprises.

Là, un capitaine conduisait ses hommes dans
une villa en construction dont les chambres
n'avaient pour fermeture que des persiennes ou
des fenêtres sans vitres. Un autre guidait sa
compagnie à l'escalade laborieuse d'un grenier
à fourrages ; celui-ci se contentait d'une cave
creusée dans le roc, à fleur de terre. Tandis que
les uns, à demi-asphixiés par la fumée, essayaient de cuisiner un maigre bouillon avant
de se coucher sur la terre humide et nue, dans
leurs couvertures et leurs vêtements imprégnés
de neige ; les autres devaient se résigner à dormir à jeun, raides et glacés, mal dédommagés
par le moelleux de leur couche. On se préoccupe
peu du gîte d'ailleurs, et le premier coin venu
suffit, après une étape de trente kilomètres, par
une nuit aussi rude, dont il semble que l'hiver ait
profité pour déchaîner toute sa meute enragée.

A huit heures la division repartit et tra-
versa Château-du-Loir, dont la place polygo-
nale était couverte de caissons d'artillerie, de
fourgons, de prolonges et de voitures d'ambulances que signalait de loin le drapeau blanc
écartelé d'une croix rouge. Les conducteurs se
hâtaient d'atteler leurs pauvres rosses étiques et
rétives à ces lourds et encombrants *impedimenta*,
desquels le personnel compose, pour l'ordinaire,
une notable partie du chargement. A cheval au
milieu de la foule, le général de Curten pressait
le départ. Il s'écoula néanmoins près d'une
heure avant qu'on eût pu mettre en mouvement
toutes ces pesantes machines et les engager avec
quelque ordre sur la petite route communale,
très accidentée et dans certains endroits couverte
d'une couche de neige de plus de vingt centi-
mètres d'épaisseur, pour laquelle il avait fallu
abandonner la grande route du Mans, déjà oc-
cupée, sans doute, par l'ennemi.

Sur cette route étroite, aux longues pentes
accentuées, allaient parfois de front l'artillerie

et les convois, la cavalerie et l'infanterie s'empêchant mutuellement, s'emmêlant et s'accusant réciproquement de l'encombrement. On peut se faire une idée de la lenteur avec laquelle nous avançions, en se souvenant qu'il nous fallut plus de sept heures pour franchir un peu moins de seize kilomètres.

Assurément ce n'était ni pour son agrément ni pour sa commodité personnelle que le général de Curten avait ainsi resserré sa colonne. Mais tandis qu'il était impatiemment attendu au Mans, il était aussi pressé sur ses derrières par un corps d'armée ennemi qu'il fallait tout à la fois gagner de vitesse et tenir à distance en multipliant des retours offensifs auxquels, d'ailleurs, le 71ᵉ ne fut point appelé à prendre part. Sa tâche, pour être plus obscure, n'en fut pas moins pénible.

Nous n'avions pas même pour nous soutenir les surexcitations momentanées de l'action ; et les soldats comprenaient très bien qu'il ne leur serait tenu aucun compte du dévouement avec

lequel ils s'acquittaient de ce rôle sans gloire
Brisés de fatigue, à demi-morts de faim et de
froid, ployant sous le faix de leur sac ridicule,
réglementairement surchargé de tant d'inutili-
tés, exaspérés de ces haltes répétées pendant
lesquelles ils avaient tout juste le temps de reprendre haleine, et qui le plus souvent les laissaient en proie à un invincible engourdissement;
ils se détachaient un à un pour se jeter, pleu-
rant de douleur et de désespoir, sur quelque tas
de cailloux ou s'en aller demander d'une voix
éteinte à la ferme prochaine, une hospitalité qui,
c'est une justice à rendre aux populations, ne
leur était jamais refusée.

En vain, les officiers se multipliaient pour
réagir contre ce découragement et cette démo-
ralisation qui menaçaient de s'étendre dans
d'effrayantes proportions. En vain, le général
passant sur le flanc de la colonne, gourmandait
les uns et stimulait les autres. Où commence
l'impuissance, cesse le devoir. Le devoir! il en
est qui l'ont rempli au-delà des limites extrêmes.

14

J'ai vu des hommes qui, ayant renoncé à combattre l'insupportable rétrécissement de leurs
chaussures, après de multiples découpures,
marchaient encore, rougissant la neige sous leurs
pieds nus et ensanglantés. J'en ai vu qui, vaincus par la souffrance, insensibles aux prières
aussi bien qu'aux exhortations, n'avaient plus
qu'à peine la force de se soulever devant la menace du revolver pour exhaler cette poignante
réponse : *Oh ! tuez-moi, allez ! comme çà ce sera
plutôt fini !*..........

Quel étrange spectacle présentait ce jour-là
notre division ! On aurait cru voir se dérouler
quelqu'un des sinistres épisodes de la mémora-
ble retraite de Russie. Je ne prétends pas que ce
fut aussi grandiose, à coup sûr c'était aussi
triste ; et le cadre lui-même s'adaptait singulièrement au tableau. Rien ne rappelait, en effet,
nos paysages de France, dans ces plaines nei-
geuses qui se faisaient désertes devant l'ennemi
et où s'emblait s'être abattue toute une volée de
funèbres évocations des steppes moscovites. Rien

n'y manquait : ni la lumière blafarde sur les
champs blafards, ni le froid, ni la faim, ni les
lugubres essaims de corbeaux s'envolant effarés
vers les grands bois de pins, dont les noirs et
maigres squelettes ployaient sous le poids de
leurs blancs suaires. Je me trompe ; il y manquait ce divin rayon d'espoir qui, malgré tout,
dut luire comme un soleil réconfortant sur ces
vieilles bandes, jusqu'alors invaincues, dont les
prestigieux étendards avaient flotté triompha-
lement au faîte des dômes de tant d'orgueilleuses
capitales. Mais nous, quelle force pouvions-
nous puiser dans des souvenirs où, remontant
de quelques semaines seulement, nous retrou-
vions Sedan ! Metz ! Loigny !.........

Sans parler du sentiment de notre propre détresse, quelle confiance pouvions-nous retirer de
la vue de cette artillerie qui nous accompagnait
et dont les lourds attelages affamés, éreintés,
refusant parfois d'avancer, malgré la grêle de
coups que faisaient pleuvoir sur eux leurs conducteurs (qu'on n'osait pourtant accuser de

brutalité), profitaient de chaque temps d'arrêt
pour se repaître de cette neige sur laquelle ils
glissent, du bois du caisson qui les précède ou
du timon même auquel ils sont attachés ? Maigre
repas que ne partagent point leurs frères de la
cavalerie à moitié démontée qui chemine tristement sur le bas côté du chemin, suivie d'un long
cortége de boiteux et d'écloppés. C'est qu'en effet,
si sobres et vigoureux qu'ils soient, les chevaux
africains, eux aussi, en ont assez de ces intempéries, de ces abstinences prolongées, et surtout
de ces routes au sol dur et inégal, sur lesquelles
la mauvaise conformation de leur pied leur
a bientôt fait perdre les merveilleuses qualités
de légéreté et de fond qui les rendent si précieux,
dans les sables brûlés aux feux du soleil tropical,
mais moins résistants, et où, de loin en loin,
une brise égarée vient ranimer leur ardeur
près de s'éteindre, en leur apportant quelque
vague émanation des senteurs aimées de l'oasis
natal. Au reste, les plus maltraités paraissent
encore capables de répondre par un effort su-

prème à l'appel de l'éperon, tandis que les lym-
phatiques percherons et normands, penchés sur
le collier ou la bricole, demeurent insensibles à
l'insulte du fouet. A peine parmi ces derniers
voit-on deux ou trois individus, évidemment
fourvoyés, à puissante et anguleuse ossature,
dont le regard conserve encore une flamme
révélatrice d'un sang plus généreux.

Il était presque nuit quand nous traversâmes
Mayet, pour marcher sur Écommoy dont les
francs-tireurs du département des Deux-Sèvres,
le 23ᵉ bataillon de chasseurs à pied et le 27ᵉ
mobile, qui formaient l'avant-garde de la division, avaient chassé l'ennemi pour nous ouvrir
le passage. Mais ces troupes ne purent longtemps
tenir devant un retour offensif des Prussiens en
force quintuple peut-être ; nous les rencontrâmes qui se repliaient, quand nous avions déjà
franchi plus de la moitié du chemin, et repassant
avec elles par Mayet, où on fit à la hâte une
insuffisante distribution de pain, nous dûmes
aller jusqu'à Pontvallain. Dieu sait comment et

14.

combien nous y arrivâmes, après avoir parcouru en *vingt-quatre heures* et pour ainsi dire sans nous arrêter SOIXANTE-SEPT KILOMÈTRES.

Pontvallain est un assez important chef-lieu de canton dont je ne dirai rien, et pour cause ; arrivés entre neuf et dix heures du soir, le 11 janvier, nous en repartions le 12, à six heures du matin. Ce jour-là le 71ᵉ était d'avant-garde, ce qui lui valut d'accomplir un semblant de marche sur Écommoy, que l'ennemi occupait toujours fortement. Mais, cette fois, on était bien renseigné, et le général se contenta d'une démonstration qui permit à nos convois, tandis que nous demeurions debout et rangés en bataille dans la neige, de prendre les devants pour la Suze ; c'est par là, qu'après un si long détour, on espérait nous amener sur cette position de la Tuillerie qui nous était assignée et que les mobilisés bretons devaient si mal défendre. Le soir même de ce jour, en approchant de la Suze, nous apprîmes le déplorable dénouement de cette lutte acharnée, où, une fois de plus, la fortune avait trahi nos armes.

Ainsi donc, tant d'efforts étaient perdus, bien plus, il fallait, pour rallier l'armée, recommencer ces longues étapes dont, par le mauvais état des chemins et la rigueur excessive de la température, la durée et la fatigue étaient doublées. Aussi, quoique une nuit de repos nous fût accordée, pendant laquelle veillait le premier bataillon envoyé en grand-garde sur la route du Mans, ce fut bien tristement qu'on repartit le lendemain au jour pour la Flèche.

De la Suze à la Flèche on ne compte pas beaucoup plus de vingt kilomètres ; le temps s'était d'ailleurs un peu radouci et le soleil avait même un moment fait mine d'apparaître, flottant comme un gros ballon rouge sur la ouate bleuâtre des nuages. Puis la charité des habitants suppléait à ce qui nous manquait dans les distributions de vivres, depuis si longtemps incomplètes. Sur tout le parcours, à chaque embranchement du chemin, à chaque seuil, on voyait

ces braves gens s'empresser, hommes, femmes,
enfants, tous chargés de pains énormes, ou de
brocs d'une formidable capacité remplis de cette
âcre eau-de-vie de cidre à laquelle commençaient
de s'habituer, quand même, les plus rebelles
gosiers. Aussi presque tous les retardataires
avaient-ils rejoint quand nous arrivâmes à
Saint-Germain, petit bourg placé comme une
sentinelle avancée à deux kilomètres de la Flèche
et enfoui dans une vallée où la route descend en
spirale.

Le 2ᵉ bataillon du 71ᵉ et un escadron de chasseurs d'Afrique y demeurèrent de grand-garde,
et aussitôt après le défilé de la division qui poursuivait jusqu'à la ville, procédèrent à leur installation. D'ordinaire, ce n'était un travail ni long
ni compliqué. Tandis que la compagnie désignée
pour bivouaquer en plein air, *sans tentes* et *sans
feu,* retournait sur ses pas à quelque distance,
les autres avaient bientôt fait d'ouvrir toutes les
maisons pour prendre possession des chambres,
des corridors, des greniers et des écuries, au

grand ébahissement des propriétaires qui n'a-
vaient guère le temps de se reconnaître et dont
les protestations contre cet envahissement subit
de leur domicile auraient d'ailleurs été bien
inutiles. *Les Prussiens ne feraient pas pis !* s'ex-
clamait parfois un récalcitrant.

« Ayez patience, monsieur, vous saurez cela
d'ici trois jours, ou même avant. » Cette réponse,
qui allongeait la mine de ces mauvais patriotes,
était notre seule vengeance.

Saint-Germain ne compte qu'une soixantaine
de maisons. Lorsque après bien des difficultés
nous eûmes, mon lieutenant et moi, casé tout
notre monde, nous nous trouvâmes fort empêchés
de découvrir pour nous-mêmes le plus humble
gîte. Je ne sais qui nous inspira alors l'heureuse
idée d'aller frapper à la porte du presbytère dont
la façade gaiement illuminée, nous envoyait au
visage de chauds reflets. Ce fut le curé qui vint
nous ouvrir : avant que nous eussions pu formu-
ler notre requête il s'était déjà emparé de nos
mains et nous entraînaient répétant, les yeux

pleins de larmes : « Entrez, entrez, pauvres enfants ! » La bienveillance de l'accueil double la reconnaissance qu'inspire une si généreuse hospitalité, aussi n'en est-il pas qui nous ait laissé un meilleur souvenir.

Mais ce n'était point assez pour ce bon vieillard de nous abriter sous son toit. Il voulut encore nous faire asseoir à sa table frugale, pour partager avec notre excellent aumônier et un aimable officier de cavalerie les haricots, la sallade et l'omelette canonique (car ce jour était un vendredi), qu'on arrosa d'un vin sémillant, dont la grappe avait mûri sur les fertiles coteaux de Saumur. Cependant nos ordonnances, retranchés à la cuisine, surveillaient pour leur propre compte, des deux coins de l'âtre flamboyant, la cuison d'un inestimable échantillon des gallinacés de la contrée, que nous nous étions, *à prix d'or*, procuré le long du chemin. Le lendemain il nous fallut repartir, sans remercier notre hôte, bien longtemps avant que le jour essaya de percer à travers un brouillard pénétrant et glacial, qui se condensait en girandoles cristallines aux branches des arbres.

En somme, où allons nous ? Telle est la question qu'on se pose sans pouvoir y répondre. A quoi aboutiront ces marches interminables dont le sens stratégique nous échappe, et à vrai dire ne nous préoccupe guère ?... Sans avoir aucune ressemblance avec ce Fritz de la *Grande duchesse de Gérolstein*, duquel il vous souvient sans doute, et qui voulait savoir pourquoi on le plaçait en faction *et en plein soleil naturellement,* nous ne serions pas fâché qu'on nous laissa pressentir un but, proche ou lointain. Mais probablement c'est là le secret du grand chef, qu'il ne nous appartient pas de pénétrer. Résignons-nous donc et prenons le temps et nos peines en patience, car de récriminer n'allégerait pas le sac d'une once, et ne raccourcirait point l'étape d'une enjambée.

Pour le moment, nous étions sur la route de Sablé, chef-lieu de canton du département de la Sarthe, situé sur la rivière de ce nom. Vingt-huit kilomètres seulement séparent la Flèche de cette jolie ville que pourraient envier bien des sous-préfectures et qui, toute parée de grands souvenirs historiques dans le passé, se recommande à l'attention, quant à présent, par une importance toujours croissante sous le rapport industriel et commercial.

Sablé n'était point le terme de notre étape ; à peine y étions-nous entrés qu'il nous fallut détourner sur la droite, remontant le long du rivage de la Sarthe jusqu'à Solesmes.

Solesmes est l'une de nos plus intéressantes stations, et dans le souvenir qui nous en est resté, la reconnaissance que nous inspira l'accueil des habitants de ce bourg n'entre que pour moitié. Arrivés à la nuit close, ce fut cependant la première impression que nous ressentîmes devant cette hospitalité, d'ailleurs aussi cordiale que modeste. Mais le lendemain devait nous offrir l'une de ces fêtes artistiques auxquelles ni les fatigues ni la souffrance n'ont pu nous rendre encore indifférents.

Nul ne saurait, probablement, dire aujourd'hui comment et par quelles circonstances Geoffroy de Sablé fut amené à fonder, l'an 1010, sous l'invocation de saint Pierre, la célèbre abbaye appelée depuis abbaye de Solesmes. En tous cas, le lieu semblait particulièrement approprié à une création de ce genre. Le paysage, au milieu duquel s'écoule lentement le fleuve entre deux rives bordées de sombres bouquets de bois et de roches déchiquetées, énormes, qui surgissent jusqu'à une longue distance dans les terres, a un aspect véritablement ascétique. Voilà bien l'un de ces sites sévères et grandioses qui durent attirer les premiers anachorètes, alors que s'enfonçant dans une nature plus tourmentée que leur âme, ils y cherchaient la paix loin du bruit des passions humaines.

Le monde, pensaient-ils, ne les suivrait pas jusqu'en ces déserts ; cependant, une grande loi y pénétrait à leur suite : la loi du travail ; et le champ de la science n'est pas le seul que les moines aient défriché et cultivé. Quelle autre

15

initiative aussi ferme, quelle autre volonté aussi
patiente et aussi tenace aurait pu, de siècle en
siècle, disputer à cette aride nature chaque
lambeau du sol, et sur ce terrain abandonné,
bouleversé peut-être par des convulsions sou-
terraines, planter enfin le pacifique étendard de
l'agriculture. Car, même par cette rigoureuse
saison, nous devinons aisément que nous traversons une contrée fertile qui de sa sauvagerie
primitive, n'a gardé que tout juste ce qu'il faut
pour attirer les amateurs du pittoresque, au
nombre desquels comptent sans doute les propriétaires de quatre ou cinq coquettes villas
espacées, à portée de notre vue, de Solesmes à
Sablé.

L'abbaye, que nous visitâmes avant de partir,
est aux trois quarts ruinée. Hélas! dans cette dévastation il faut voir tout aussi bien et plus encore,
peut-être, l'œuvre des hommes que celle du temps.
Telles sont les pensées qui nous accompagnent
au milieu des cloîtres écroulés dont les arcades
affaissées, les chapiteaux descellés, les piliers

chancelants, semblent ployer sous le faix du passé, pressés de rejoindre les nervures des voûtes, les rosaces brisées, les gargouilles étranges qui gisent sur les dalles disjointes des longs corridors.

Seule, parmi ces décombres, l'église est demeurée presque intacte à l'extérieur, fort sobre d'ornementations, ainsi qu'à l'intérieur, dont quelques replâtrages assez maladroits n'ont point heureusement altéré la mâle beauté.

L'art et la foi, fréquents alliés, ont ici un commun autel. Chaque pierre y garde l'empreinte admirable du ciseau d'un croyant et d'un maître inconnu, et vous retient dans une contemplation muette en face d'un chef-d'œuvre. Le plus curieux est sans conteste la chapelle ouverte du côté de l'Évangile, où l'artiste a enchâssé, comme autant de diamants, cinq grandes scènes de la vie de la Vierge avec des personnages de hautes proportions. Celui-là fut assurément un novateur pour son époque qui, non content de donner aux figures une vivante

expression, descendit jusqu'aux plus minimes
détails et traita si savamment les accessoires et
même les draperies, dont l'inexactitude et la
rigidité étonnent toujours un peu dans les
sculptures contemporaines de ces merveilles.

Il aurait fait bon s'arrêter ici plus longtemps ;
mais une voix implacable nous poussait et, comme au Juif maudit, nous criait sans cesse :
Marche ! marche ! Nous partîmes donc. Le logement du reste ne devait guère nous causer de
soucis pour cette nuit, qui s'écoula tout entière
dans une veille cruelle, à laquelle les feux fu-
meux de bois vert qu'on allumait au creux des
fossés du chemin n'apportèrent qu'un bien faible adoucissement.

Vers le matin suivant, une pluie battante qui
commençait un dégel pâteux les éteignit malgré tous nos efforts ; aussi les quittâmes-nous
sans regret pour marcher sur Laval, où nous
arrivâmes éreintés, trempés et morfondus.

Des rues étroites, de larges faubourgs unifor-
mément mal éclairés et dont la moitié des mai-

sons sont désertes ; des places encombrées de
voitures d'ambulance et de convois ; deux ponts
qu'on mine ; une rivière grondeuse, dont les
eaux frappent à grand bruit les parois des quais
sonores où s'échelonnent les canons, les caissons
et les prolonges ; une foule compacte, affamée
et crottée, d'officiers, de voiturins réquisitionnés,
de soldats de toutes armes ; une table d'hôtel où
on nous servit quelques débris de victuailles
sans nom, avec du cidre à discrétion et d'excellent vin en sus à 2 francs la bouteille ; enfin,
une petite chambre, où je m'installai moi-même,
quatrième, sur un matelas arraché à la dure
couchette d'un camarade ; voilà tout ce que j'ai
vu de Laval, le soir du 16 janvier 1871.

CHAPITRE X.

Forcé. — Andouillé. — Neuillé-sur-Vicoin. — Chemauzé.
Le Lion-d'Angers. — Juigné-sur-Loire. — Louerre. — Doué-la-Fontaine.

Le lendemain nous eûmes l'explication de l'encombrement de la ville, où le 17e corps était arrivé depuis deux jours dans le plus grand désordre (1). A son tour, le 16e corps y avait fait son entrée la veille après avoir vigoureusement contenu l'ennemi et livré, à Saint-Jean-sur-Erve, un terrible combat dans lequel le vice-amiral Jauréguiberry eut un cheval tué sous lui, par le même obus qui frappa mortelle-

---

(1) *La deuxième armée de la Loire*, par le général Chanzy, livre quatrième, page 361 de la troisième édition.

ment à ses côtés son chef d'état-major, le colonel Béraud. C'était pour rejoindre l'amiral que, marchant au canon dont nous entendîmes sans cesse la voix tonnante, suivi de près par un corps ennemi et presque devancé par un autre qui s'avançait parallèlement à sa colonne, le général de Curten avait tenté ce pénible effort *(plus de quarante lieues en cinq jours)*, en somme couronné de succès, puisqu'il atteignit Laval à travers tant d'obstacles, ayant à lutter à la fois contre les Prussiens, la neige, les glaces et le dégel, sans avoir perdu une pièce d'artillerie, une seule voiture de ses convois, et ne laissant en arrière que quatre ou cinq cents hommes disséminés dans les villes, les villages et les fermes, d'où le plus grand nombre put encore s'échapper à temps.

Tandis que le bruit se répandait de la continuation de la retraite sur Rennes, sans qu'aucun ordre vint confirmer cette décourageante supposition, nous recueillîmes, de la bouche des acteurs, quelques détails touchant la bataille du

Mans; et si certains épisodes, tels que la fuite des mobilisés bretons et les scènes déplorables qui l'accompagnèrent, nous impressionnaient douloureusement, d'autres sonnaient à nos oreilles, en dépit de leur issue également malheureuse, comme une fanfare de victoire. Il faut, pour le comprendre, avoir entendu narrer par un témoin oculaire les péripéties de la lutte héroïque que soutinrent à Pontlieue les gendarmes à pied du général Bourdillon.

Cependant le 71ᵉ, traversant la Mayenne dont les ponts retentissaient aux coups du pic des mineurs qui en préparaient la destruction, était venu se former sur la place de la Mairie. Il en repartit, après une assez longue attente, pour revenir en arrière, jusqu'à six ou sept kilomètres de Laval, avec mission de couvrir et d'occuper les crêtes des coteaux qui dominent de haut le bourg de Forcé, où la route du Mans franchit la Louanne, petite rivière dont la profondeur et l'escarpement des bords rachètent le peu de largeur.

15.

En même temps que nous, d'autres régiments partaient dans diverses directions. La ville se vidait rapidement, et les habitants essayaient de se rassurer en voyant toutes les troupes reprendre ainsi des positions en avant. Arrivé à destination, le 71ᵉ se dissémina en tirailleurs, à l'abri des talus et des haies, sur les champs qui bordent la route. Plusieurs fois les reconnaissances prussiennes s'approchèrent presque à portée de fusil, mais sans oser poursuivre; plus audacieuse, une compagnie de uhlans s'avança jusqu'à Forcé. Reçue par un feu bien nourri, elle tourna bride aussitôt et s'enfuit à toute vitesse, abandonnant son capitaine mortellement blessé. La nuit entière s'écoula à sonder l'ombre du regard et l'oreille tendue dans la prévision d'une attaque qui, à ce qu'il semblait, ne pouvait manquer de se renouveler plus sérieuse dès que nos adversaires nous auraient compté.

Il n'en fut rien pourtant. Soit qu'ils aient cru ce passage sérieusement gardé, soit qu'un inté-

rêt plus puissant les attira d'un autre côté, ce
fut sur la gare qu'ils lancèrent, le lendemain,
une colonne formée d'à peu près trois mille
hommes de cavalerie, d'infanterie et d'artillerie.
Il pouvait être alors environ une heure après
midi, et à ce moment même le génie élevait
dans les fossés de la route, dont la garde nous
était confiée, des épaulements où on installait
tardivement deux mitrailleuses.

Canons, dreyses et chassepots tonnèrent longtemps avec ensemble. C'était, pensions nous, le
prélude d'un engagement général. Mais plus las
et plus épuisé, plus désorganisé que nous, peut-
être, l'ennemi se borna à cette seule tentative
infructueuse qui lui coûta près de cent hommes,
quand les mobiles d'Indre-et-Loire, sur qui pesa
presque tout le poids de la défense, n'eurent
que dix morts et quinze blessés. Les événements
donnaient donc (momentanément du moins)
raison à Gambetta qui, dans son omnipotence
dictatoriale, avait prescrit au général en chef,
par le télégramme où il lui annonçait son départ

pour Laval, de s'arrêter devant cette ville et d'y résister *quand même*.

Trois jours et trois nuits se passèrent à veiller sans répit, au milieu de toutes les rigueurs d'une température exceptionnelle, sur ce terrain où le dégel, qui n'avait pas persisté, n'avait pu fondre entièrement la neige dans laquelle on couchait *sans tentes et sans feu*.

Trois jours et trois nuits! presque aussi meurtriers qu'autant de combats. Ce serait une trop longue énumération que celle de nos souffrances ; ce serait une étrange description que celle des fantômes dont on pouvait voir défiler le cortége dans les yeux hagards des malheureux en proie aux frissons convulsifs de la fièvre, et parfois délirant tout haut, jusqu'à ce qu'un assoupissement lourd et invincible les jetât, pour ainsi dire inanimés, sur le sol glacé, ne leur laissant plus du sentiment de l'être que la perception de la douleur, et la somme de raisonnement suffisante pour qu'ils pussent s'aggraver encore leur situation, trop souvent, hélas ! désespérée.

Nos braves docteurs pourraient seuls dire combien dans leurs visites quotidiennes ils constatèrent alors de cas intéressants de variole, de péripneumonies, de pleurésies, d'angines, de catarrhes, de rhumatismes, etc.

Le soir du 20 janvier on se relâcha un peu de cette garde sévère ; il était temps. Le 71ᵉ, toutefois, ne fut pas remplacé dans la position qu'il occupait. Malgré tout, sa tâche allait être relativement bien douce. Toutes les compagnies furent cantonnées dans les maisons même de Forcé, au château voisin de Mᵐᵉ de Saint-Cyr, et dans les fermes environnantes.

Le service de grand-garde s'organisa de telle sorte que les bataillons en eussent charge à tour de rôle ; les distributions de vivres se firent régulièrement, mais les corvées avaient une longue distance à franchir ; chacun devait se garder dans son cantonnement respectif, et, par suite de la diminution considérable de l'effectif, le tour de faction revenait pour chaque homme à six heures d'intervalle. Du moins pouvait-on dormir sous de chauds abris. Si la situation n'était pas gaie, elle était supportable. Puis nous commencions à savoir nous *débrouiller*, suivant l'expression du troupier. C'était merveille combien déjà nous nous installions promptement et quel parti nous tirions de tout, utilisant ce que le hasard nous offrait, sans songer à rechercher ce qui faisait défaut. Qui nous eût vu quelques instants après la prise de possession d'un nouveau cantonnement, nous y eût cru établis depuis longtemps, tant il semblait que nous y fussions à l'aise, même en l'absence de tout confortable, tant nous savions déjà nous plier au temps, aux lieux, aux circonstances. Balzac a dit quelque part : « Le privilége d'être partout chez soi n'appartient qu'aux rois, aux filles et aux voleurs. » Nous ajouterons, nous (mais à un tout autre point de vue), et aux soldats.

L'ennemi ne se montrait plus que de loin en loin. Une fois nos cavaliers rencontrèrent ses éclaireurs à Bazougers, à huit où dix kilomètres

de Forcé, et les en chassèrent après leur avoir
fait une douzaine de prisonniers. En revanche,
les uhlans s'y prirent un autre jour de si grand
matin, à la faveur d'un brouillard très épais,
qu'ils nous enlevèrent deux sentinelles d'un
poste avancé. Surpris avant même d'avoir pu
crier où faire feu, les deux pauvres *moblots*
avaient été renversés, garottés, puis liés solidement à la selle de ces pirates d'un nouveau
genre qui, incontinent, s'éloignèrent au grand
trot, entraînant leur prise. Ce fut une rude leçon
de pas gymnastique. Mais, tout-à-coup, voilà
qu'on entend sonner sur la route le galop furieux de nos chasseurs d'Afrique, auxquels on
vient d'apprendre l'événement. Ils descendent
une côte rapide avec la rumeur et la violence
d'une avalanche, prêts à briser tous les obstacles. A ce bruit, les Prussiens s'arrêtent, et,
comme toujours, peu désireux de se mesurer à
longueur de sabre, d'un seul coup tranchent les
liens des captifs qui retarderaient leur fuite, et
bientôt disparaissent dans la brume.

Le 27 janvier, ce fut un branle-bas général :
on fourbissait les armes, on déployait les pa-
quets de cartouches, on bouclait les sacs et on
ne dormait que d'un œil. En prévision d'une attaque, les commandants de compagnie avaient
reçu l'ordre d'étudier le terrain, de noter ou de
préparer des abris pour leurs tirailleurs ; de reconnaître les chemins, les sentiers par lesquels,
en cas de retraite, ils pourraient se replier sans
encombre jusqu'à un point désigné de la route
de Laval. Enfin, d'abattre les arbres ou les haies
qui gêneraient le tir. Haches, pioches et pelles
avaient été réquisitionnées de tous côtés. Chaque capitaine, grandi de vingt coudées, avait
médité et arrêté son petit plan stratégique.
Mais ce luxe inusité de précautions (d'ailleurs
excellentes) devait être inutile. Ce n'était plus
qu'à la horde infâme des espions que nous allions avoir à barrer le passage.

Depuis vingt-quatre heures, on signalait des
individus aux allures suspectes en arrière des
cantonnements. Au premier abord, il semblait

que ces misérables pussent aisément se dérober
à nos regards et à nos poursuites ; car ce pays est
très mouvementé, très couvert et sillonné en
tous sens de chemins creux, de ravins profonds,
de buissons touffus. Mais nos sentinelles, espacées seulement de deux cents mètres, sur une
longueur de près de trois kilomètres, et se re-
liant toutes, faisaient bonne garde. Le premier
de ces traîtres, qui tenta de se glisser inaperçu,
fut arrêté par M. Camille Lemaître, sous-lieutenant à la 5ᵉ compagnie du 2ᵉ bataillon. Bientôt
après, il était entre les mains de la prévôté.

C'était le 29 janvier. Le soir même de ce jour,
le régiment reçut l'ordre de rentrer à Laval.
Comme nous approchions des faubourgs, on
nous apprit qu'un armistice de vingt et un jours
venait d'être convenu à Versailles entre Jules
Favre et le grand chancelier, comte Von Bis-
mark. Plus préoccupés du présent que de l'avenir, nous ne trouvâmes à ce moment, dans ce
fait immense, qu'un motif de nous réjouir. Nous
allions nous reposer un peu. Quelle que fût la

ville, le village, la bourgade où nous attendrions l'issue des négociations, ce devait être, comparativement, une terre promise.

Dans cette confiance, et après une courte visite à ce joli petit café de la place de la Mairie au fond duquel chante dans sa niche de rocailles un jet d'eau qui jette ses notes perlées à travers le bruit des conversations, des *bocks*, des *moss* et des *chopes* battant leur roulement sur les tables de marbre, nous nous dépêchons d'aller dormir, en gens qui ont un énorme arriéré à combler.

Le lendemain nous partions à huit heures du matin, par un beau temps et un clair soleil dont les rayons teignaient en rose la cîme neigeuse des coteaux au bas desquels, sur la rive droite de la Mayenne qui roule à côté ses eaux torrentueuses et jaunâtres, s'allonge un grand square limité par le viaduc du chemin de fer. C'est à Anlouillé qu'on nous envoyait, à quinze kilomètres de Laval, et tout d'abord le nom nous parut *pantagruelesque*. En réalité, c'est la famine, ou à peu près, qui nous attendait dans cet Eldorado.

Mais n'étant pas doués du don de seconde vue, nous allions gaiement, quand tout à coup la colonne s'arrêta. Un feu de peloton venait de se faire entendre à quelques centaines de mètres, et lorsqu'on se remit en marche chacun put voir à une faible distance, en face d'une double rangée de soldats graves et silencieux, deux cadavres étendus sur la neige où leur sang coulait lentement. C'étaient deux espions qui venaient de payer de leur vie l'oubli d'une loi sainte et sacrée.

Hélas! il ne s'est que trop rencontré d'Iscariotes pour vendre aux Prussiens leur patrie et leurs frères au prix de quelques pièces d'or. Aux uns la justice des hommes a déjà imposé l'expiation; la justice de Dieu attend les autres

Ce spectacle nous avait assombris; mais bientôt, à la vue du paysage tout resplendissant de la vague et chère ressemblance de nos montagnes

bien-aimées, les funèbres pensées s'envolaient.
Là, comme ici, le chemin serpente et s'enroule
au flanc des collines couvertes de genêts, d'a-
joncs et de bruyères ; la route, en tournant ces
contre-forts naturels, s'allonge droite ou se
replie ; perce au milieu des bois, au travers
de pierreuses solitudes, arides comme une
sierra ; puis fléchit pour redescendre vers les
prairies, laissant de droite et de gauche quelque
village scintillant, tantôt enfoui dans la vallée,
tantôt pittoresquement étagé sur d'énormes ro-
chers.

A tous les carrefours, une croix se dresse
entourée de naïfs et superstitieux *ex-voto :* brins
de laine tordus, rayons de miel desséchés, etc.,
comme pour nous apprendre que nous appro-
chons de la religieuse Bretagne. D'autre part,
le clos de pommiers, inévitable accompagnement de chaque ferme, nous avertit que la Nor-
mandie n'est pas loin. Au reste, nous aurons
bientôt occasion de reconnaître combien ces
populations pour ainsi dire mi-partie bretonnes

et normandes, ont pris de ces deux races les défauts plutôt que les qualités. Car, assurément,
elles ne brillent pas par la propreté ni le désin-
téressement.

Andouillé (800 habitants) est bâti circulaire-
ment autour d'une jolie église moderne, sur
une colline tronquée dont un ruisseau baigne
la base et qu'enceint à demi un amphithéâtre
de roches granitiques profondément raviné, dé-
nudé, sauvage, qui contraste fortement avec les
grasses prairies et les champs fertiles sur lesquels, de ce point élevé, la vue peut s'étendre
assez loin.

Le soir où nous y arrivâmes, chaque capitaine
dut se pourvoir, en attendant qu'un cantonnement définitif lui fut assigné par l'état-major
qui mit deux jours à ce travail. D'ailleurs nous
devions rencontrer à peu près partout le même
accueil disgracieux, sinon même hostile, le même
mauvais vouloir, la même litière infecte, couverte de boueux stigmates témoignant d'un long
usage, et les mêmes étables malpropres dépeu-

plées par le typhus. Menacés d'une épouvantable ruine par cet horrible fléau, les fermiers exaspérés nous disputaient le bois, la paille, le logement avec une incroyable âpreté.

Leur désespoir se traduisait par une série de vexations qui parfois mit notre patience à de rudes épreuves. Pour mon compte, après avoir été contraint d'en venir presque aux menaces afin d'assurer le logement de ma compagnie, j'allai acheter une hospitalité moins rechignée chez un pauvre tisserand dont l'humble maisonnette s'élevaient non loin de là ; et dès lors, j'y partageai avec un jeune et bien cher camarade une de ces dures paillasses pleines de montagnes aiguës et de creuses vallées, que rendait cependant délicieuses le souvenir des cruelles fatigues et des mortelles insomnies sous le poids desquelles succombaient les plus robustes.

Sans doute, il serait peu intéressant de raconter ici tous les petits incidents de notre escale dans ces heureux parages. Les jours s'y suivaient et s'y ressemblaient assez dans leur monotone

uniformité. Quatre heures d'exercice, en dépit
des pluies torrentielles qui avaient transformé
le bourg, les chemins, les terres et les prés, où
on avait établi notre champ de manœuvres, en
un véritable lac de boue. Les corvées, le net-
toyage des armes et aussi la recherche de comestibles moins suspects que la viande fournie par
notre ambulante boucherie, dont, à tort ou à
raison, les ruminants nous semblaient un peu
trop congénères de ceux qui s'éteignaient sous
nos yeux en proie à une purulente décomposi-
tion, voilà, ou peu s'en faut, le bilan de chaque
journée ; ajoutons y, pour les officiers, quelques
opérations de toilette d'autant plus indispensables qu'ils n'avaient pas vu leurs bagages
depuis vingt jours.

Une pluie incessante nous emprisonnait
dans nos cantonnements. Aussi, quand le soir
elle fouettait les vitres et ruisselait sur le toit,
privés de toute autre distraction, nous écoutions
volontiers, mon jeune camarade et moi, les doléances de notre hôte.

L'industrie du tissage faisait jadis la fortune
de cette contrée. L'exportation des toiles s'y
chiffrait par plusieurs millions. Mais aujourd'hui
les bras laborieux s'acharnent en vain désespé-
rément dans une lutte inégale contre les machines de fer, qui fabriquent plus vite et mieux.
C'était déjà trop de cette concurrence pour cette
agonisante industrie, désormais impuissante à
nourrir l'ouvrier des campagnes, ancré du reste
avec une inexplicable ténacité dans les traditions routinières et les pratiques arriérées ; et
voilà que la guerre lui porte le dernier coup,
entraînant à sa suite un long chômage qui dé-
vore les faibles économies si péniblement amas-
sées pendant des années. N'allez pas croire
pourtant que rien puisse faire tomber de
la main de ces hommes l'outil grossier taillé
par leurs ancêtres. S'atteler à tout autre la-
beur, pour eux ce serait *déroger*. La terre
restera donc bien longtemps encore vierge
autour d'eux sur de grands espaces ; et quant
aux progrès de l'industrie, ils aiment mieux les

nier, contre toute évidence, qu'essayer de
s'en rendre compte. Ne tentez point de les convaincre, ils échappent aux raisonnements les
serrés, aux arguments les plus vainqueurs ; car
lorsque vous les croirez acculés sans issue, ils
se retrancheront derrière la providence, vous
jetant quelque réponse dans le genre de celle-ci :
Que voulez-vous ! c'est le bon Dieu qui mène le
pauvre monde. Eh puis, c'est pas de se plaindre
qui enrichit.

Il semble, quoiqu'il en soit, que notre malheureux hôte aurait cependant quelque raison
de se plaindre. Dans la pièce attenante à celle
où notre grabat se dresse près du sien, trois
métiers demeurent silencieux ; à l'un manque
la matière, aux autres les ouvriers. Des deux
fils de la maison, l'un est prisonnier en **Allema-**
gne, l'autre a été incorporé dans une légion de
mobilisés. Bien avant leur départ la misère était
venue ; aujourd'hui c'est la maladie qui s'installe
au logis. C'était chaque nuit des cris et des
gémissements qui nous éveillaient en sursaut.

16

Torturé par une colique de *miserere*, le pauvre diable suppliait le ciel, la terre et sa vieille compagne, Baucis désolée de ce triste Philémon, qui se levait alors, dans le simple appareil que vous savez, pour lui apporter de sa main noire mais fidèle une eau pure et glacée, dans la même écuelle de bois qu'elle nous avait concédé pour nos ablutions. Remède bizarre, mais, l'explique qui pourra, toujours efficace.

Bien que les clauses et conventions de l'armistice auquel nous devions ces loisirs nous fussent inconnues, nous savions vaguement que le retrait de l'armée française de plusieurs départements, entre autres de la Mayenne, était l'une des principales. Une fois de plus nous étions vaincus dans le champ des protocoles d'une manière non moins préjudiciable que sur les champs de bataille.

Nous pressentions donc un départ prochain quand l'ordre nous arriva de nous préparer à une grande revue d'ensemble et de détail. Elle s'accomplit sans incident, et n'aurait eu d'autre

intérêt que de nous exciter à nous présenter à
nos chefs sous l'aspect le plus favorable, si elle
n'avait donné lieu à une seconde exhibition
assez curieuse. Je veux parler du fringant état-
major qui caracolait *auxiliairement* à la suite
du général de Curten et de l'intendant division-
naire, et dont une bonne partie, tout en nous
éclaboussant au passage, nous sembla fortement
partagé entre le désir de nous inspirer une haute
idée de son savoir équestre et la crainte bien
naturelle de vider les étriers.

En historien véridique, je suis même forcé de
reconnaître que pour plusieurs le dénouement
menaçait de devenir tragique, lorsqu'au prochain détour du chemin nous perdîmes de vue
tout à coup ce petit escadron de centaures.

Le lendemain, nos docteurs passèrent eux
aussi leur revue. Revue sanitaire, qui permit
de constater dans nos rangs la présence d'un
acarus très envahisseur. Mais on coupa le mal
par sa racine en faisant large la part du feu.

Le soir du même jour, le général fit subir aux

officiers un examen portant sur la théorie et le
service en campagne. Peut-être se montra-t-il
un peu sévère. Néanmoins il avait paru désarmé
quand l'un de nous fit, à une question militaire,
une réponse *mathématique*, et tout se fut heu-
sement terminé sans doute, si des deux suivants
l'un n'était demeuré entortillé dans *la ligne de
mire* et si l'autre ne s'était pas perdu dans *les
zones dangereuses*

Le 8 février on vota dans l'église d'Andouillé,
pour nos députés à l'Assemblée nationale qui
devaient décider de la paix ou de la guerre.

Probablement on avait pensé que nous serions
mauvais juges dans une cause où nous étions
si directement intéressés, et nous n'aurions
point connu les candidats si l'un de nos officiers
n'eût obtenu la permission d'aller à Laval, pour
en demander la liste par voie télégraphique. Je
me borne à noter ce fait significatif, et je passe
sans insister; mais non pas sans constater qu'un
certain nombre de bulletins portaient en tête le
nom du général Chanzy. Était-ce une adhésion

aux opinions politiques du général? Était-ce un hommage rendu à l'homme de cœur, au chef aimé de son armée tout entière ?... Montaigne aurait dit : *Que sais-je !*

Le 12, nous quittions Andouillé à huit heures du matin, et nous partions sans regret pour une destination inconnue. De gros nuages grisâtres et violets, courant si bas qu'ils semblaient s'accrocher aux branches des arbres, déversaient sur nous une fine pluie qui devint torrentielle au moment où nous traversions Laval, suivant le quai de la rive droite de la Mayenne. Dès lors, enfouis dans nos capuchons, sous nos couvertures, nous cheminions indifférents au paysage, uniquement occupés de préserver de l'inondation la plus grande part possible de notre individu. Il est dans la vie des jours où tout s'en va au pire : tel celui-là, pour l'infortuné dont l'empeigne se relache, dont les allumettes ratent, dont la pipe grésille et s'éteint, et qui tout à coup sent s'insinuer perfidement un petit ruisseau précurseur.

16.

Heureux encore, si une fois arrivés à Neuillé-
sur-Vicoin, à trente kilomètres du point de
départ, nous n'avions pas dû aller chercher nos
cantonnements dans les fermes des environs,
tantôt à l'aventure, tantôt sur la foi de falla-
cieuses indications, mais toujours par d'épouvantables chemins.

Le lendemain, pressés par l'heure, nous traversâmes Neuillé si rapidement qu'il nous serait
bien difficile aujourd'hui d'en donner une vue.
C'est vaguement qu'il nous souvient d'une longue suite de prairies inondées à demi par le
Vicoin débordé, de futaies magnifiques et d'un
joli groupe de maisons blanches à volets verts.
L'étape devait être longue, disait-on (trente-
huit kilomètres), mais du moins le soleil perçant
la gaze argentine des vapeurs matinales, nous
promettait un beau jour. La route, large et facile,
se déroulait au travers d'un paysage splendide,
moins accidenté, moins boisé, mais plus riche
que ceux dont les collines, déjà bleuissant au
lointain, refermaient sur nous les horizons. On

découvrait plus rapprochés les toits de briques rouges des fermes. On admirait les belles cultures, les pâturages plantureux où bondissaient de gras poulains percherons; et on saluait d'un long hourra une vigne, oui, une vigne qui, au penchant d'un coteau, à l'abri du vent, se chauffait au soleil levant!... Ce vivat était gros de ressentiments, car bien peu pouvaient garder du cidre mousseux un souvenir exempt de toute amertume.

Hélas! qui l'eût cru! cette campagne à honnête physionomie, trompeuse comme le désert, nous présentait, elle aussi, son mirage. La prétendue vigne n'était qu'un vaste champ de topinambours dont les longues tiges, dépouillées de leurs larges feuilles, avaient produit l'illusion.

A ce moment, le colonel Thierry qui commandait la brigade dépassait la colonne, l'arrêtait et mandait tous les officiers. Ayant quitté Neuillé longtemps après nous, il venait de rencontrer bon nombre de traînards éparpillés sur la route ; et s'étant enquis de la cause pour laquelle ils demeuraient en arrière, trouvait leurs raisons plus spécieuses que valables.

« Messieurs, dit-il, vous n'êtes pas militaires et je ne vous en fais point un reproche. Il est bon, cependant, que vous sachiez certaines choses qu'on n'apprend pas en lisant sa théorie. Ce n'est pas tout d'exercer sur les hommes une constante surveillance. Entre tous les moyens de les maintenir à leur rang et de leur faire oublier la fatigue, il en est un dont j'ai pu constater souvent l'efficacité, alors que j'avais l'honneur d'être chef de bataillon dans un régiment de ligne. C'est de provoquer ces chants dont la cadence règle l'allure, abrégeant ainsi la distance et relevant le moral. »

A vrai dire, nous ne voyions guère que nous eussions grand sujet de chanter. Si nous approchions des champs où fleurit la vigne, nous étions loin, hélas ! de ceux où croissent les lauriers. Quoiqu'il en soit, nous donnâmes en cette occurence un bel exemple d'obéissance passive ;

et quand la colonne se remit en marche, on en-
tonna en chœur, sur un air connu, le fameux
couplet :

> La soupe aux choux
> Se fait dans la marmite ;
> Dans la marmite
> Se fait la soupe aux choux.

Avec la déduction rigoureuse :

> Si la soupe aux choux
> Ne s'faisait pas dans la marmite,
> Dans la marmite
> Ne se f'rait pas la soupe aux choux.

A la longue, toutefois, ce refrain essentielle-
ment guerrier, devient un peu monotone. D'ailleurs certaines compagnies comptaient quelques
orphéonistes, quelques membres de Sociétés
philharmoniques, dont l'éducation musicale
était plus avancée.

Ceux-ci, variant leur répertoire, passaient
de Meyerbeer à Offenbach ; et arrivant aux premières maisons de Chemauzé, bourdonnaient

aux oreilles du colonel Thierry, une malicieuse
allusion :

> Et pif paf pouf, tara ta rata poum
> Je suis, moi, le général Boum !....

Mais le matin suivant, les clairons nous ren-
voyaient l'épigramme :

> Tsim laï la, tsim laï la !
> Les beaux militaires,
> Que ces pompiers là.

Désormais ce sera le refrain de la brigade ;
et le colonel Thierry, montant à cheval, sourit
finement en homme qui vient de prendre une
spirituelle revanche.

Le soir de ce jour, nous avions franchi trente-
trois kilomètres à travers une magnifique contrée et par une route encombrée de troupes
marchant sur quatre rangs, de voitures d'ambulance et de convois, de cacolets, de prolonges,
de canons et d'escadrons de cavalerie de toutes
armes. A la suite, superbement drapés dans
leurs grands burnous flottants que retient au

front la corde de poil de chameau diversement
nuancée et longuement enroulée, venaient les
cavaliers des goums, chaussés de bas de toutes
couleurs, de socques ou de vieux souliers écu-
lés, qui défendaient mal du froid leurs jambes
brunes et nerveuses.

Ces étranges additions aux costumes jadis si
brillants, aujourd'hui ternes et fripés, nous di-
saient éloquemment tout ce qu'avaient souffert
ces fils du prophète, non moins dépaysés sous
notre ciel brumeux, dans la neige, la glace ou
la boue, qu'en face d'un ennemi contre lequel
sont impuissantes les plus sublimes folies du
courage individuel et dont toute la force con-
siste dans sa masse, dans sa tactique savante,
parfois même dans son inébranlable inertie.

A la nuit close, nous cherchions encore nos
cantonnements, à deux ou trois kilomètres
plus loin que la jolie petite ville du Lion-d'Angers.

Le 15, nous traversons Angers à toute vapeur,
franchissant la Maine sur ce pont de la Basse-

Chaîne, de sinistre mémoire (1), près duquel, défiant les siècles, se dresse le grandiose et sombre château de Saint-Louis et du bon roi René, dont on peut voir tout auprès la statue en bronze, l'une des plus belles œuvres de David d'Angers.

Nous ne nous arrêterons pas même à cette curieuse ville des Ponts-de-Cé, à laquelle se rattachent tant de souvenirs. Le terme de l'étape (trente cinq kilomètres) est à Juigné-sur-Loire.

Le 16, nous couchons à Louerre, une bourgade perdue dans les bois, mais où du moins nous arrivons (après vingt-huit kilomètres) par un temps superbe, laissant derrière nous Saint-Jean-des-Mauvrets, Saint-Saturnin d'où l'on découvre, au milieu d'un splendide horizon, un long ruban de la Loire, et plus loin, dominant des chênes séculaires, la forêt de tours cou-

---

(1) Le 16 avril 1850, le pont suspendu de la Basse-Chaîne s'écroula dans la Maine, entraînant dans sa chute un bataillon entier du 11ᵉ de ligne qui perdit 223 soldats ou officiers.

ronnées de créneaux du vieux château de Montabert. Le 17, une agréable promenade (seize kilomètres) nous conduit à Doué-la-Fontaine.

Doué (3,500 habitants, chef-lieu de canton) vit allonger son nom en 1767 et 1768, époque à laquelle on construisit ses deux fontaines dont la source est tellement abondante, qu'elle forme aussitôt un ruisseau sur le bord duquel espacés dans des prés fertiles, sont établis de nombreux moulins. La petite ville, triste et sombre, contraste avec ses riants alentours. On a bientôt fait d'en parcourir les rues étroites, froides, tortueuses, horriblement pavées, bordées de maisons sans caractère et sans style, pour atteindre, en fin de compte, une assez belle église, qu'une municipalité intelligente aurait dû dégager depuis longtemps de cet affreux entourage de boutiques vulgaires. Le quartier le plus intéressant est sans contredit celui qu'on rencontre en se rapprochant de la route de Saumur. Ici, la voie urbaine est parfois suspendue entre deux abîmes, ainsi qu'un sentier alpestre.

De droite et de gauche s'ouvrent des excavations profondes, dont les parois ont été creusées et taillées en ruches par une population plus aisée qu'il ne semble au premier abord, et qui, sans trop souffrir, croît et se multiplie dans ces modernes catacombes. Ce n'en est pas moins un étrange spectacle que de voir au troisième dessous la ménagère cuisinant son pot au feu, tandis que le mari sème ses raves et plante ses choux sur le toit. En résumé, Doué manquerait d'attrait pour un antiquaire ou un artiste, en dépit des belles ruines d'une église qui s'émiette tout à côté dans de luxuriants jardins si, non loin de là, l'on ne montrait cette immense carrière dans laquelle, avec beaucoup de bonne volonté (et Dieu sait si les archéologues en manquent), on peut retrouver l'emplacement d'un amphithéâtre romain.

Au surplus, nous n'avons pas le temps d'essayer de soulever le voile qui recouvre ce passé problématique. C'est assez d'avoir crayonné ce croquis d'ensemble, pour des gens auxquels on n'accorda qu'un seul jour de repos après une course au clochèr de *cent quatre-vingt kilomètres.* Encore, sur cette journée, nous prit-on deux heures pour une revue.

Ne partons point toutefois sans payer notre écot, c'est-à-dire sans exprimer notre reconnaissance à l'hospitalière cité dont nous n'aurions emporté que d'agréables impressions, si un cruel accident n'y eût marqué notre passage. C'est à Doué, qu'en nettoyant son arme qu'il croyait déchargée, un de nos mobiles eut le malheur de presser la détente. Le coup partit et la balle s'en alla frapper son camarade, qui bientôt après expirait. Tout secours était inutile, la mort fut instantanée.

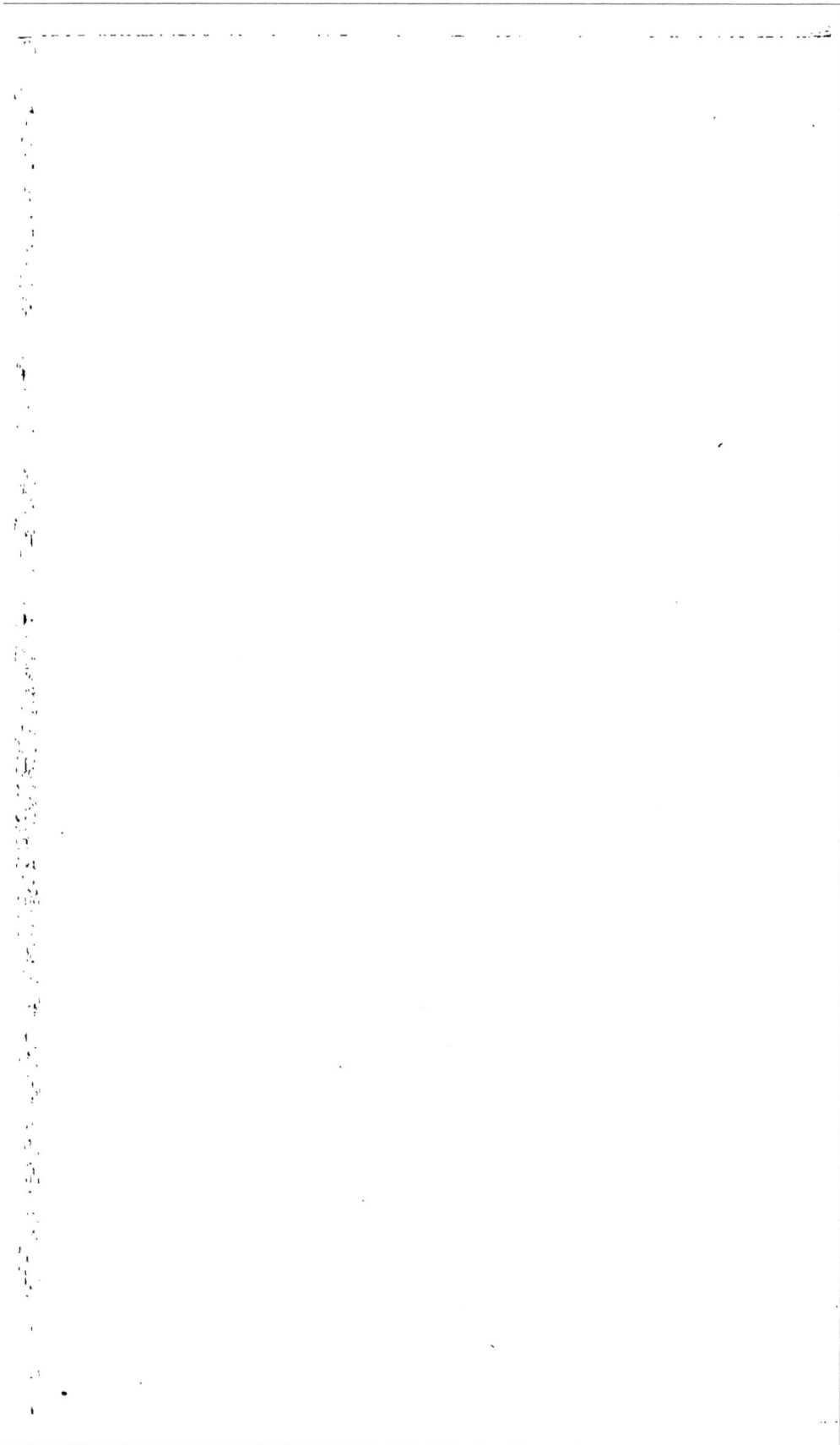

CHAPITRE XI.

———

Les environs de Doué sont charmants ; mais en quittant ce joli pays nous ne tardons guère à rencontrer d'immenses plaines rases, sans limites, sans habitations, sans ombrages ; territoire de la grande culture, riche terroir, comme on dit, mais peu récréant à voir. Il en va ainsi jusqu'au moment où nous entrons dans le département des Deux-Sèvres, moins monotone d'aspect, moins fertile aussi, peut-être, et cependant plus populeux.

Au reste, depuis que nous avons abandonné les rives inhospitalières de la Mayenne, nous retrouvons partout sur notre passage le même empressement généreux ; et désormais c'est pour nous un spectacle insolite que celui d'un bidon vide, et par contre d'un mobile mélancolique. Désormais aussi plus de trainards, plus d'éclopés n'avançant qu'à leur corps défendant. Aujourd'hui, par exemple (19 février), les vingt-six kilomètres que nous avons à franchir ne nous semblent qu'une promenade par cet air frais, par ce clair soleil qui fond en perles l'épaisse couche de gelée blanche étendue sur les champs.

Un ordre admirable règne d'un bout à l'autre de la colonne ; les clairons sonnent joyeusement la halte et presque aussi gaiement le départ. On n'en dépose pas moins son sac avec plaisir sur la place du Champ-de-Foire de Thouars.

Bâti sur le penchant d'une côte escarpée, au bas de laquelle coule le Thouet, Thouars a conservé, dans sa prospérité présente, de nombreux souvenirs de son glorieux passé. Ses vieux remparts conquis par Duguesclin sur les Anglais, en 1372, sont debout encore en grande partie. Son curieux château, à pic sur le rocher contourné par la rivière, domine encore la ville, la plaine et les tours de l'enceinte, couvertes par le temps d'une teinte sombre, semblables à une antique armure tachée de rouille. Dieu veuille, pensions-nous alors, que ces vieux bastions, où tout garde encore la trace d'une domination étrangère, n'aient pas à subir, une fois de plus, la honte de voir sur leurs cimes humiliées flotter les plis vainqueurs de l'étendard ennemi.

Le 20 février, étape de Thouars à Saint-Jean-de-l'Aune, bourg du département de la Vienne (vingt-deux kilomètres), par un beau temps et une route superbe, d'où le regard embrasse d'immenses horizons. A droite nous laissons Taizé, Noizé et, plus loin, les magnifiques ruines déchiquetées de Moncontour.

Le 21 nous allons à Neuville, passant par Mirebeau (célébrité rivale d'Ambazac), ancienne ville fortifiée, dont les remparts soutiennent de jolis jardins en terrasses, du haut desquels les habitants nous saluent en criant que la paix est faite.

Le 22 nous venons, par Jaulnay et Dissais, occuper les cantonnements qu'on nous prépare dans la petite commune de Saint-Cyr.

Sur la rive droite du Clain, à douze kilomètres environ de Châtellerault, et à distance égale de Poitiers, une vingtaine de pauvres maisons et huit ou dix grandes fermes forment toute la commune de Saint-Cyr (600 habitants). C'est là que nous reprenons notre place de bataille et ces exercices multipliés, interrompus depuis Andouillé, de boueuse et triste mémoire. Nos rares loisirs seront remplis par une visite au *menhir* ou pierre levée, qu'on voit tout auprès d'une métairie voisine, et quelques *pointes* au delà du Clain, jusqu'au hameau de Beaumont, où nous attire une tour écroulée sur un immense amas de ruines, enfouies dans l'herbe, et dont nul ne sait plus l'histoire, mais auxquelles une porte, assez bien conservée, semble assigner comme date de construction le douzième où le treizième siècle.

Ces excursions, ici et là, sur les bords du Clain, dont les saules déjà bourgeonnent, ne nous guérissent point de la nostalgie qui nous prend bientôt si près du pays natal. Maladie, hélas ! à laquelle nos docteurs ne peuvent rien, non plus que les soins et les élixirs de cette fraction de l'ambulance de la Haute-Vienne qui, depuis Orléans, a partagé nos périls, nos souffrances, nos fatigues ; qui, elle aussi, eut son odyssée remplie de péripéties, et dont le dévouement a été si mal apprécié (1). Le 26, notre départ pour Châtellerault fit diversion.

(1) Pour plus amples renseignements, voyez le *Rapport présenté à MM. les Membres de la commission de l'Ambulance de la Haute-Vienne*, le 10 novembre 1871, par le Dr Raymondaud, ancien médecin principal de l'Ambulance, et *Nos Étapes, journal de l'ambulance de la Haute-Vienne*, par E. Coste, ancien officier comptable du service. — Limoges, Vᵉ H. Ducourtieux, 1872, un vol. in-18. *(Note de l'éditeur.)*

17.

C'est ici que, le 3 mars, vint nous atteindre en
plein cœur la nouvelle de l'acceptation par
l'Assemblée nationale des préliminaires du traité
de paix qui pèsera longtemps sur la France,
comme un remords Tout était dit ! Personne ne
voudrait nous croire si nous refusions de reconnaître que notre première impression fut
celle d'un grand soulagement. Mais nous, nous
ne reconnaissons à personne le droit d'entacher
d'égoïsme, de craintes lâches où d'ignobles
appréhensions un sentiment que nous inspirait
uniquement la conviction de notre impuissance. Quant à moi, je le demanderai à tout
homme de bonne foi : lorsque l'armée du Nord
était réduite à s'enfermer dans les places fortes,
et celle de l'Est plus compromise encore, l'attitude et l'organisation des troupes nouvellement
formées pouvaient-elles nous rendre confiance ?...

Cependant, cette paix qui frappait le pays
tout entier d'une horrible stupeur n'apporta
aucun changement dans notre vie. Notre ins-

truction se poursuivait en des exercices d'une plus longue durée. C'était à peine si nous dérobions quelques instants à nos croissantes occupations, soit pour une promenade à travers la ville, dont le faubourg de Châteauneuf, où nous étions cantonnés, ne donne qu'une très pauvre idée, soit pour une visite à la manufacture d'armes établie dans ce même faubourg de Châteauneuf.

En somme, notre séjour à Châtellerault serait triste et monotone s'il ne nous y était donné de témoigner (bien faiblement à la vérité, mais aussi bien cordialement) à notre bon aumônier qu'on nous enlève, combien nous nous croyons endettés de reconnaissance, et quelle place conservera dans nos cœurs le souvenir de son noble dévouement, de sa charité évangélique.

Le 5, on nous envoie à Saint-Romain ou Dangé.

Dangé et Saint-Romain, frères Siamois liés par un pont, mirent face à face leurs clochers et leurs blanches maisons dans les eaux de la

Vienne. Dangé est le plus coquet, le plus moderne, le plus *dans le mouvement,* grâce à la station du chemin de fer, le plus *aristocratique.*
Aussi, le lieutenant-colonel Vial, des mobiles
de l'Isère, qui commande provisoirement la
brigade, se l'est-il adjugé pour lui et son régiment ; nous abandonnant Saint-Romain, plus
primitif, plus arriéré, plus *bourgeois ;* mais aussi,
par un juste retour, plus abondant en imprévu.
Ce n'est pas que nous y devions rencontrer une
merveille artistique, un chef-d'œuvre ignoré,
une tradition lointaine que nous puissions
exhumer pour nous en faire l'historiographe.
Mais quand le 1ᵉʳ et le 3ᵉ bataillon auront
occupé le village, si le 2ᵉ, contraint de poursuivre à l'aventure, vient à découvrir tout en
haut d'une plaine labourée, parsemée d'aman-
diers fleuris qui neigent sur la terre brune,
une commode maison de campagne avec de
belles fermes prochaines, où il s'installe plus
qu'à l'aise, n'aurons-nous pas sujet de remercier le hasard et de railler ceux qui se laissent

prendre aux apparences, au trompe-l'œil?

Dangé, il est vrai, possède un café-billard à deux étages, tapissé d'un papier à sujets, où un Chinois vert déploie un parasol jaune devant un kiosque rouge ombragé d'arbres bleus. Mais nous avons, nous, la maison susdite, ouvrant d'un côté sur une façon de jardin anglais, pelouse ovoïde, quinconce de tilleuls, banc de gazon couvert par un prunier, et d'autre sur une petite cour dont la volière, transformée en salle de police, ne désemplit guère (car bien qu'on en ait dit du relâchement de la discipline dans la mobile, j'ai la conscience, pour ma part, d'avoir été un capitaine très féroce).

A peine avions-nous pris possession de cette agréable demeure, que déjà la broche tournait dans la cuisine; le couvert était dressé dans la salle à manger, et dans le salon les tables de jeux. Jeux de cartes, jeux d'échecs, de dominos, jusqu'au jeu classique de l'oie. En même temps, l'obligeante fermière *déquadruplant* les lits, assurait à chaque officier la jouissance d'un matelas.

De leur côté, les soldats trouvaient des granges bien garnies de paille et du vin à bon marché.

Dès lors les jours s'écoulèrent sans bruit, paisibles, uniformes, comme les flots de cette Vienne dont nous ne reconnaissions plus les rives. Une fois pourtant, on s'avisa que nos distractions manquaient de diversité, et on ordonna une promenade militaire qui nous conduisit à six kilomètres, au pied des ruines du château de Marmande.

Au moment où nous arrivâmes devant l'imposante enceinte de la vieille forteresse, défendue d'un côté par le fossé et de l'autre surplombant un abîme de plus de cent-cinquante pieds de profondeur, nos clairons éveillaient dans ces décombres les échos étonnés, endormis depuis les temps de ces paladins qu'aime et craint la beauté, a dit le poëte, et

> Dont le cor, éveillant les varlets et les pages,
> Porte un appel de guerre à l'hospitalité.

La châtelaine n'avait plus qu'à apparaître au

balcon. Mais le balcon n'existe plus et la châte-
telaine est une fraîche et accorte paysanne qui,
de la porte voûtée, jadis fermée de deux herses,
nous regarde avec de grands yeux un peu effarés, tandis qu'enfermé dans une énorme roue,
où il se démène comme un écureil dans sa cage,
nouvel Ixion, le mari remonte un seau d'un
puits sans fond.

A l'intérieur, le donjon seul est debout au
milieu des bâtiments de la ferme, et, du haut
de ses cent quatre-vingts marches, nous permet
de découvrir un splendide horizon que le soleil
couchant, ici colore de mille feux, là recouvre
de teintes mélancoliques.

Le surlendemain, 10 mars, nous partions pour
Sainte-Maure.

Sainte-Maure est le nom moderne et chrétien
de l'antique et païen *Arciacum*. Moitié ville,
moitié bourgade, ce chef-lieu de canton, dont la
route nationale de Poitiers à Tours a nettoyé
les abords, est resté encrassé dans son affreuse
petite place et ses cinq ou six rues approximati-

vement pavées. C'est un triste séjour, où nous trouvons partout trace des Prussiens dans les inscriptions en Allemand qui couvrent les portes, aussi bien que dans les maisons encore imprégnées de cette odeur particulière caractéristique, *sui generis*, que nos ennemis portent avec eux, qu'on a comparée à l'odeur d'une ménagerie de fauves, et qui nous semble se rapprocher beaucoup plus de celle du suif rance ou du cuir brûlé.

Il y a trois jours, en effet, 2,000 Prussiens occupaient la ville ; et leur gloutonnerie, leur malpropreté, la brutalité de leurs officiers y ont laissé de tristes souvenirs. Rien, paraît-il, n'adoucissait l'humeur farouche de ces victorieux. Ni la modération des habitants, ni l'avalanche de décorations que leur adressait leur gouvernement, avec vingt mille cigares qu'ils revendirent à bas prix et dont nous rachetâmes quelques-uns fort cher.

Le 12, on lut dans toutes les compagnies l'ordre du jour suivant :

« ORDRE GÉNÉRAL.

» *Officiers et soldats de la deuxième armée,*

» Le traité ratifié le 1ᵉʳ mars par l'Assemblée nationale, met fin à la guerre. Les armées sont dissoutes.

» En m'informant que mon commandement cesse, le ministre de la guerre ajoute : « Dites à » votre brave armée, officiers, sous-officiers et » soldats de tous grades, que je les remercie au » nom du pays tout entier, de leur courage et » de leur patriotisme ; si la France avait pu être » sauvée, elle l'eût été par eux ! La fortune ne » l'a pas voulu. »

» Je suis heureux de porter à votre connaissance le témoignage de la satisfaction du gouvernement. Vous pourrez être fiers d'avoir fait partie de la deuxième armée dont les efforts, s'ils n'ont pas abouti au succès que vous avez poursuivi avec tant d'opiniâtreté, ne resteront pas sans gloire pour le pays dont ils ont contribué à sauver l'honneur.

» Vous avez tenu tête aux armées les plus nombreuses et les mieux commandées de l'Allemagne.

» L'histoire racontera ce que vous avez fait; l'ennemi lui-même, s'honorera en vous rendant justice.

» Vous allez regagner vos foyers, vos garnisons. Conservez inébranlable votre dévouement au pays ; restez, quoi qu'il arrive, les défenseurs de l'ordre.

» Quant à moi, mon plus grand honneur est de vous avoir commandés; mon plus vif désir, de me retrouver avec vous chaque fois qu'il s'agira de servir la France.

>> *Le général en chef,*
>> CHANZY. »

Quelques jours passèrent encore, pendant lesquels nous assistâmes au curieux spectacle du défilé des troupes de la deuxième armée qui remontait vers le Nord. Artillerie, train des équipages, infanterie et cavalerie. Chaque jour nous

nous disions : demain notre tour viendra ; et le bruit le plus favorable nous assignait quelque grande ville comme garnison. Mais, Dieu merci ! notre tour ne devait pas venir ; et nous ne fûmes point appelés à prendre part à cette épouvantable lutte, où dans le sein de la France, foulée aux pieds de l'étranger, des Français égarés, révoltés contre la justice, la morale, la conscience et la raison, devaient succomber après avoir mis à feu et à sang la capitale intellectuelle du monde. Ce sera certes une grande page de l'histoire, celle qui montrera la France désarmée, n'ayant plus à opposer à l'Allemagne tout entière que cent cinquante ou deux cents mille soldats improvisés ; et, par trois fois encore, gagnant ou disputant avec un incroyable acharnement la victoire : à Coulmiers, à Loigny, au Mans. Mais combien seront tristes les pages qui suivront !

Pour nous, nous n'eûmes pas même, à Sainte-Maure, le pressentiment de cette sanglante orgie. Tandis que nous attendions l'heure de déposer nos armes, nous nous promenions dans

cette jolie vallée de la Manse que le chemin de
fer franchit sur un viaduc si hardi ; et tout le
long des sentiers, dans les buissons, nous cueil-
lions les premières violettes, présage embaumé
du printemps.

Le 17 mars, le régiment revint sur ses pas
jusqu'aux Ormes et s'arrêta, tout auprès, au
chef-lieu de la petite commune d'Antogny-le-
Tillac.

Le 18, on nous cantonna dans quelques
fermes peu éloignées de Châtellerault, où nous
allions être désarmés le lendemain.

Le 20, la colonne partit pour Chauvigny que
couronnent de si poétiques ruines ; le 21, elle
s'arrêtait à Lussac-les-Châteaux ; le 22, à Bus-
sière-Poitevine ; le 23, à Bellac ; le 24..... voici
Conore ! voici Couzeix ! voici l'Aurence ! puis,
tout en haut, le gigantesque bilboquet de Saint-
Michel et la vieille tour de notre belle cathédrale ;
enfin, voici Limoges !....

Douze heures après, le 71ᵉ mobile avait vécu ;
et tout en devait périr, jusqu'au nom. Mais nous

en conserverons la mémoire, nous qui avons
souffert et combattu dans ses rangs. D'ailleurs,
rien ne peut détruire ces fortes amitiées nées
sous la tente et devant les feux du bivouac ; ni
ces puissantes émotions, que j'ai retrouvées toutes vibrantes encore en moi quand j'écrivais ces
pages, et qu'hélas ! j'en ai peur, je n'aurai pas
su faire partager au lecteur assez bienveillant
pour m'avoir suivi jusqu'à la dernière étape.

FIN.

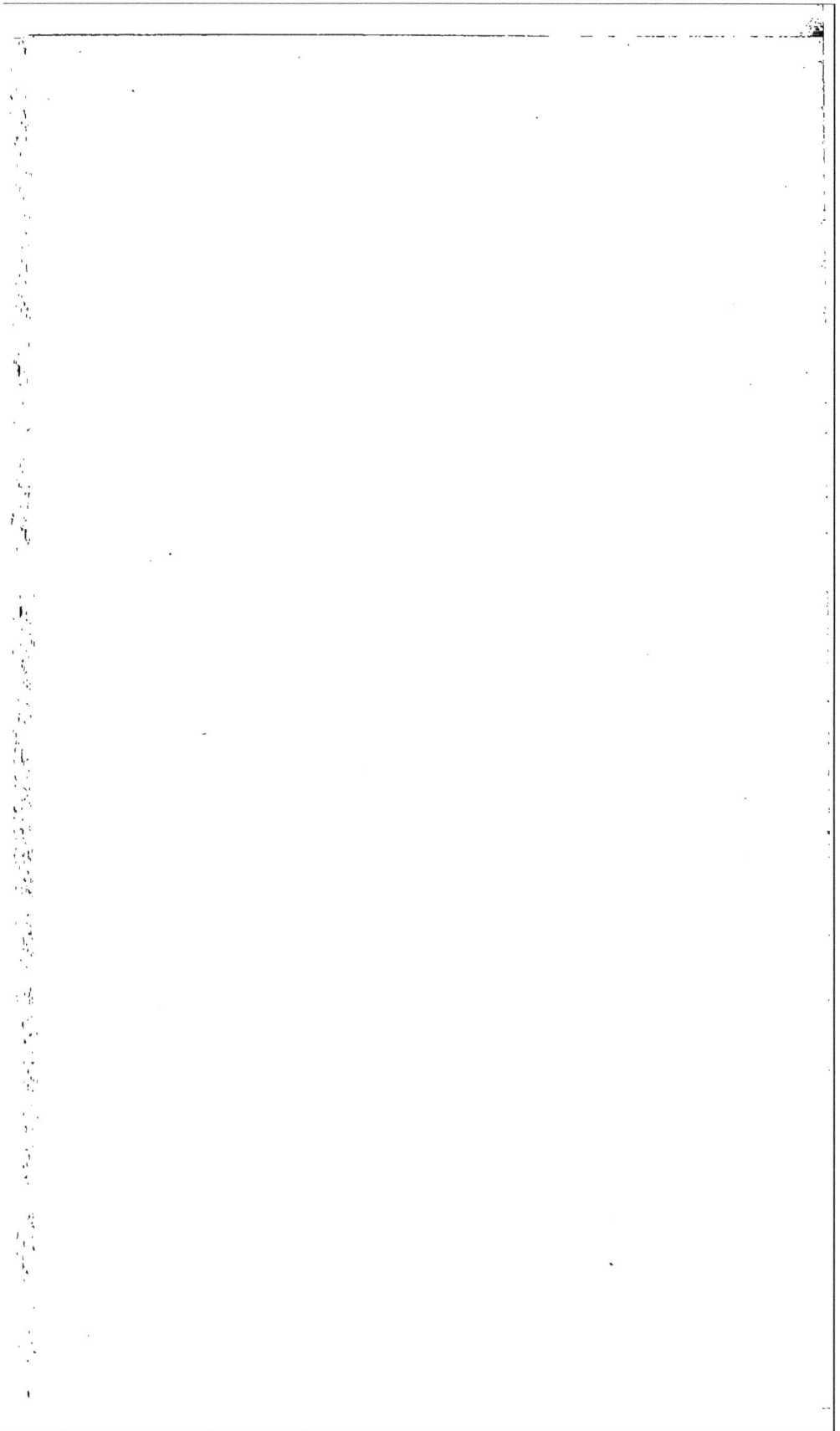

A UN PASSANT

DANS LA PLAINE DE TERMINIERS.

———

La terre est fraîche encore, où l'on creusa leur tombe ;
Le laboureur respecte, en cultivant son champ,
Ces sillons où, parfois, quand l'ombre du soir tombe,
    Il croit voir des taches de sang.

Et le pâtre inquiet qui traverse les plaines,
A cette heure douteuse où l'effroi fait rêver,
Ici se hâte et fuit, comme si par centaines
    Des ombres allaient s'y lever.

Mais, hélas ! chaque jour notre oubli les rassure :
L'un guidant sa charrue et l'autre son troupeau,
Bientôt ils fouleront sans peur la sépulture,
    Ils sèmeront sur le tombeau.

Puis leurs enfants viendront, troupe folle et rieuse,
Fouiller quelques débris, triste amas méprisé,
Pour se faire un jouet, dans sa gaine rouilleuse,
    D'un tronçon de glaive brisé.

Pourtant le sol inerte a mieux gardé l'empreinte
Que bien des cœurs ingrats. que bien des cœurs sans foi ;
L'herbe y croît lentement, rare et comme avec crainte ;
    O toi qui passes, souviens-toi !...

C'était le deux décembre ! après la nuit cruelle,
Le soleil éclatait sur ces champs dévastés ;
Nous y venions tenter la victoire infidèle ;
　　　La mort marchait à nos côtés.

Le sort fut incertain quelque temps. Ah ! la France,
Sous le plomb meurtrier, voyant fermes ses fils,
Dans l'horreur du combat retrouvant l'espérance,
　　　Dut leur crier : Je vous bénis !

Mais quand revint le soir, écrasés par le nombre,
Ces mobiles, soldats de la veille, expirant
Sous le pas ennemi, sanglants, broyés dans l'ombre,
　　　Crispaient en vain leur poing tremblant.

Eh ! qu'importe ! vainqueurs ou vaincus, leur mémoire
Doit nous être sacrée ; enfants au noble cœur,
La défaite n'a rien qui ternisse leur gloire ;
　　　Leur mort du moins sauva l'honneur.

Souviens-t'en, puisque rien n'appelle ta prière
Dans la funèbre plaine où tout leur sang coula ;
Rien, pas même une croix, pas même une humble pierre
　　　Qui te dise : Ils sont là !

CADRE DES OFFICIERS DU 71ᵉ

LORS DE LA CONSTITUTION.

———

Il nous a semblé intéressant de donner à la fin de ce livre la composition du cadre des officiers du 71ᵉ à deux époques. En premier lieu à Bourges (27 octobre 1870), lorsqu'après la formation du 3ᵉ bataillon le régiment fut sérieusement constitué ; ensuite, au moment du licenciement (24 mars 1871), avec la liste des officiers, sous-officiers et soldats, qui ont obtenu des récompenses.

ÉTAT-MAJOR.

MM. Pinelli, lieutenant-colonel.
Raymond, médecin-major.
Lagarde, capitaine-major.
Fagois (l'abbé), aumônier.

1ᵉʳ BATAILLON.

MM. Duteillet de Lamothe, commandant.
Tunis, capitaine adjudant-major.
Bouyer, médecin aide-major.

1ʳᵉ Compagnie.

MM. Vicomte de Préaulx, capitaine.
Comte Jean des Moustiers de Mérinville, lieutenant.
Dupuy, sous-lieutenant.

18

2ᵉ Compagnie.

MM. Frayssinaud, capitaine.
Imbert-Laboisseille, lieutenant.
Balestat, sous-lieutenant.

3ᵉ Compagnie.

MM. Comte de Couronnel, capitaine.
De Beireix, lieutenant.
Roudaud, sous-lieutenant.

4ᵉ Compagnie.

MM. Lemaitre, capitaine.
Blanchaud, lieutenant.
De Lassat, sous-lieutenant.

5ᵉ Compagnie.

MM. Tunis, capitaine.
Du Portal, lieutenant.
Dardanne, sous-lieutenant.

6ᵉ Compagnie.

MM. Arnaud, capitaine.
Bonnamour du Tartre, lieutenant.
Prud'homme, sous-lieutenant.

7ᵉ Compagnie.

MM. Amasselièvre, capitaine.
Laforêt, lieutenant.
Chassat, sous-lieutenant.

8ᵉ Compagnie.

MM. Charles Moreau, capitaine.
De Roulhac, lieutenant.
Gendraud, sous-lieutenant.

2ᵉ BATAILLON.

MM. DUVAL, commandant.
     LOUPIAS, capitaine adjudant-major.
     LONGEAUD, médecin aide-major.

1ʳᵉ Compagnie.

MM. DESCOUTURES, capitaine.
     VIVIÈS, lieutenant.
     CHAPOULAUD, sous-lieutenant.

2ᵉ Compagnie.

MM. LOUPIAS, capitaine.
     BLEYNIE, lieutenant.
     N., sous-lieutenant.

3ᵉ Compagnie.

MM. CALINAUD, capitaine.
     NOUALHIER, lieutenant.
     MAUPETIT, sous-lieutenant.

4ᵉ Compagnie.

MM. ARSÈNE HENRI, capitaine.
     THARAUD, lieutenant.
     NICARD DES RIEUX, sous-lieutenant.

5ᵉ Compagnie.

MM. CHABROL, capitaine.
     CHAMBRELENT, lieutenant.
     BARATHON, sous-lieutenant.

6ᵉ Compagnie.

MM. PAUL LAGRANGE, capitaine.
     BRUNET, lieutenant.
     LAROCHE, sous-lieutenant.

7ᵉ *Compagnie.*

MM. DESHAYES, capitaine.
DE LIVRON, lieutenant.
LAFFAITEUR, sous-lieutenant.

8ᵉ *Compagnie.*

MM. TAVEAU DE LAVIGERIE, capitaine.
DE NEXON, lieutenant.
BALLET, sous-lieutenant.

3ᵉ BATAILLON.

MM. PÉRIER, commandant.
NADAUD, capitaine adjudant-major.
DU BASTY, médecin aide-major.

1ʳᵉ *Compagnie.*

MM. THOUVENET, capitaine.
MERCIER, lieutenant.
MAZAUDON, sous-lieutenant.

2ᵉ *Compagnie.*

MM. DE BRUCHARD, capitaine.
DU BOUCHERON, lieutenant.
VANDERMARCQ, sous-lieutenant.

3ᵉ *Compagnie.*

MM. LÉON MOREAU, capitaine.
CHATRAS, lieutenant.
BURIN, sous-lieutenant.

4ᵉ *Compagnie.*

MM. BENOIT, capitaine.
LÉPINARD, lieutenant.
RIGAUD, sous-lieutenant.

5ᵉ Compagnie.

MM. BARDINET, capitaine.
CHEVALIER DU FAU, lieutenant.
DESGRANGES, sous-lieutenant.

6ᵉ Compagnie.

MM. NADAUD, capitaine.
DE LABOULINIÈRE, lieutenant.
ROUGIER, sous-lieutenant.

7ᵉ Compagnie.

MM. LAGARDE, capitaine.
CONSTANT, lieutenant.
MAZABREAU, sous-lieutenant.

8ᵉ Compagnie.

MM. NIESSEL (1), capitaine.
N., lieutenant.
DESPROGES, sous-lieutenant.

---

(1) Désignés par le sort pour rentrer au dépôt avec leurs compagnies, MM. Niessel et Charles Moreau donnèrent leur démission et reprirent du service dans un régiment de ligne.

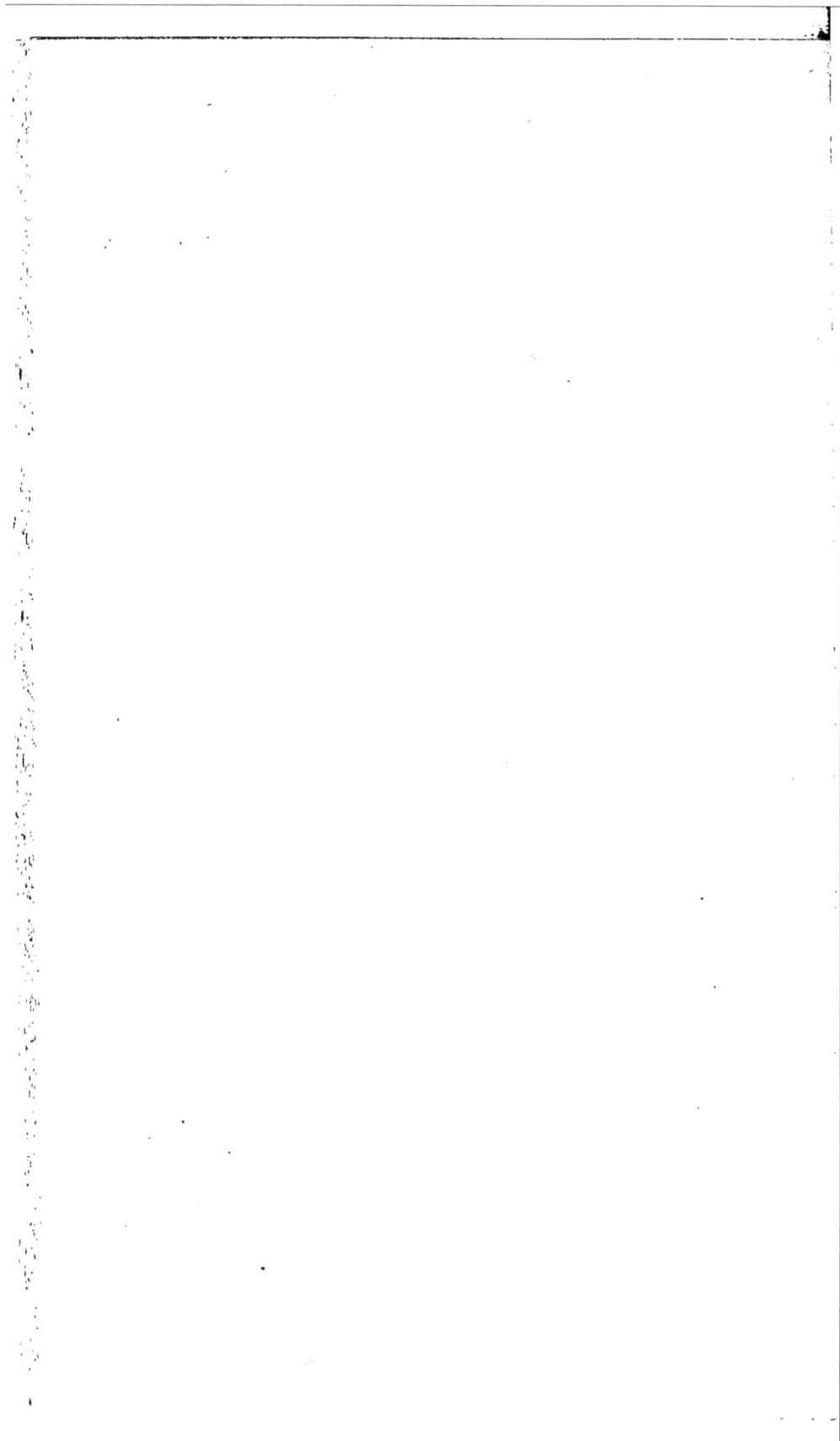

CADRE DES OFFICIERS DU 71ᵉ

LORS DU LICENCIEMENT.

ÉTAT-MAJOR.

MM. LE COMTE DE BEAUMONT, lieutenant-colonel.
RAYMOND, médecin-major.
LAGARDE, capitaine-major.
FAGOIS (l'abbé), aumônier.

1ᵉʳ BATAILLON.

MM. TUNIS, commandant.
LEMAITRE, capitaine adjudant-major.
BOUYER, médecin aide-major.

1ʳᵉ Compagnie.

MM. VICOMTE DE PRÉAULX, capitaine.
DESPROGES, lieutenant.
CADILLAC, sous-lieutenant.

2ᵉ Compagnie.

MM. LAFORÊT, capitaine.
ROUDAUD, lieutenant.
BASTARD, sous-lieutenant.

3ᵉ *Compagnie.*

MM. Comte de Couronnel, capitaine.
De Beireix, lieutenant.
De Laborderie, sous-lieutenant.

4ᵉ *Compagnie.*

MM. Lemaitre, capitaine.
Dardanne, lieutenant.
Marbouty, sous-lieutenant.

5ᵉ *Compagnie.*

MM. De Laboulinière, capitaine.
Rougier, lieutenant.
Gigot, sous-lieutenant.

6ᵉ *Compagnie.*

MM. Arnaud, capitaine.
Bonnamour du Tartre, lieutenant.
Donnet, sous-lieutenant.

7ᵉ *Compagnie.*

MM. Taveau de Lavigerie, capitaine.
Mazaudon, lieutenant.
Rougerie, sous-lieutenant.
Bessonnaud, adjudant.

2ᵉ BATAILLON.

MM. Charrol, commandant.
Loupias, capitaine adjudant-major.
Lonjeaud, médecin aide-major.

1ʳᵉ *Compagnie.*

MM. Duportal, capitaine.
Viviès, lieutenant.
Astruc, sous-lieutenant.

2ᵉ *Compagnie.*

MM. LOUPIAS, capitaine.
CASSIN, lieutenant.
VEYRIER, sous-lieutenant.

3ᵉ *Compagnie.*

MM. CALINAUD, capitaine (démissionnaire).
BARATHON, lieutenant.
DURAND, sous-lieutenant.

4ᵉ *Compagnie.*

MM. CHATRAS, capitaine.
LAFFAITEUR, lieutenant.
NICARD DES RIEUX, sous-lieutenant.

5ᵉ *Compagnie.*

MM. THARAUD, capitaine.
DUPUY, lieutenant.
CAMILLE LEMAITRE, sous-lieutenant.

6ᵉ *Compagnie.*

MM. BLANCHAUD, capitaine.
LAROCHE, lieutenant.
TAILLEFER, sous-lieutenant.

7ᵉ *Compagnie.*

MM. BLEYNIE, capitaine.
DE LASSAT, lieutenant.
DE LABORDERIE, sous-lieutenant.
DENIS, adjudant.

3ᵉ BATAILLON.

MM. N..., commandant.
BENOIT, capitaine, commande par intérim.
NADAUD, capitaine adjudant-major.
DU BASTY, médecin aide-major.

1ʳᵉ Compagnie.

MM. Mercier, capitaine.
  Vandermarcq, lieutenant.
  Masbatin, sous-lieutenant.

2ᵉ Compagnie.

MM. Noualhier, capitaine.
  Chassat, lieutenant.
  Mayéras, sous-lieutenant.

3ᵉ Compagnie.

MM. Léon Moreau, capitaine.
  Burin, lieutenant.
  Duboys, sous-lieutenant.

4ᵉ Compagnie.

MM. Benoit, capitaine.
  Lépinard, lieutenant.
  Rigaud, sous-lieutenant.

5ᵉ Compagnie.

MM. Imbert-Laboisseille, capitaine.
  Balestat, lieutenant.
  Clayeux, sous-lieutenant.

6ᵉ Compagnie.

MM. Nadaud, capitaine.
  Prud'homme, lieutenant.
  Lachapelle, sous-lieutenant.

7ᵉ Compagnie.

MM. Lagarde, capitaine.
  Chapoulaud, lieutenant.
  Guillaumot, sous-lieutenant.
  Mercy, adjudant.

DÉPOT.

MM. Thoubeys, capitaine-major, président du conseil
    central.
    Miel, officier-payeur.
    Dumas, officier d'habillement.
    Bardet, garde magasin.

8ᵉ Compagnie du 1ᵉʳ Bataillon.

MM. De Roulhac, capitaine.
    Gendraud, lieutenant.
    Massy, sous-lieutenant.

8ᵉ Compagnie du 2ᵉ Bataillon.

MM. Henry, capitaine.
    Magnaud, lieutenant.
    Freissinet, sous-lieutenant.

8ᵉ Compagnie du 3ᵉ Bataillon.

MM. Ballet, capitaine.
    Chevalier du Fau, lieutenant.
    Niot, sous-lieutenant.

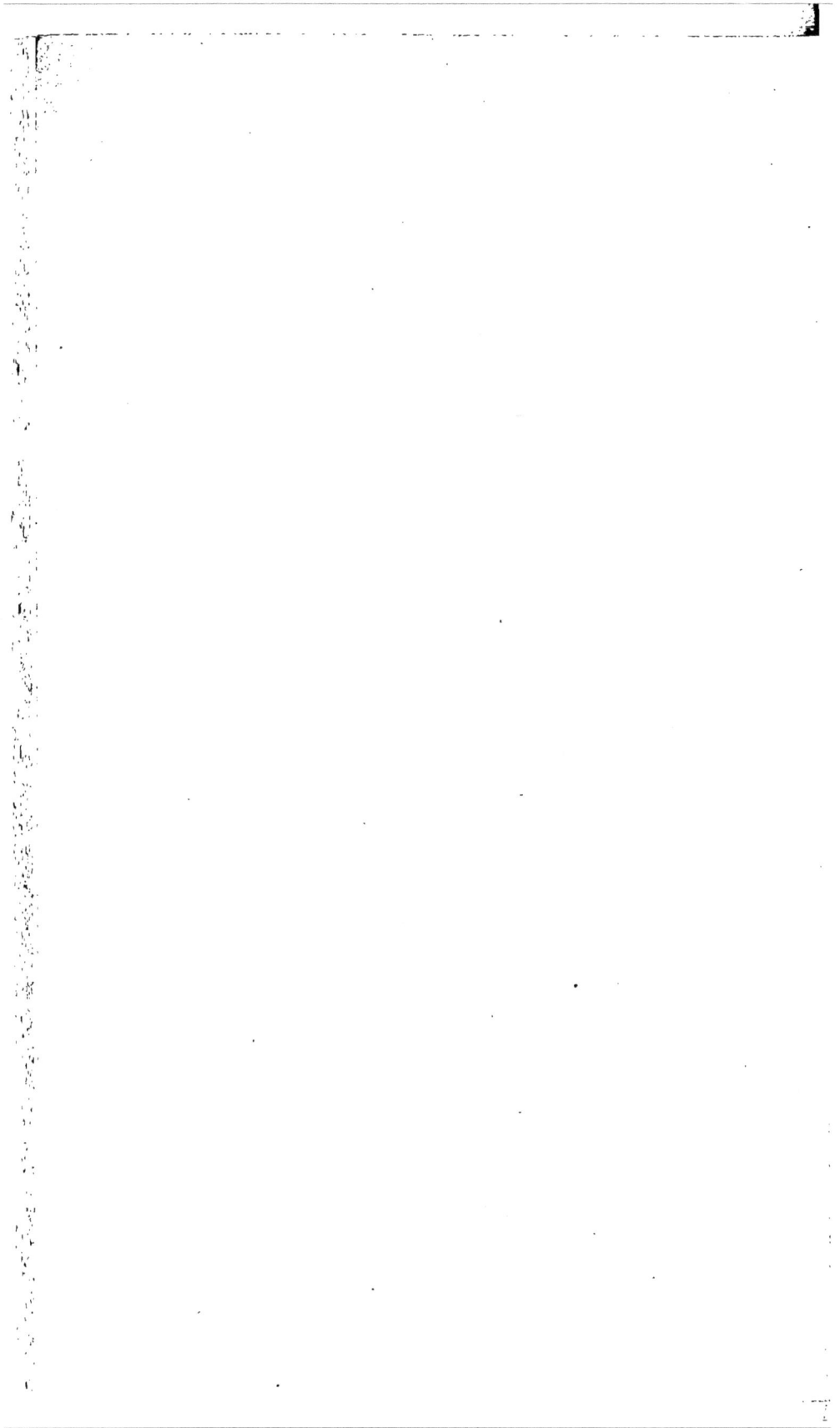

ONT ÉTÉ PROMUS ET NOMMÉS

DANS L'ORDRE NATIONAL DE LA LÉGION D'HONNEUR

Au grade de Commandeur.

M. PINELLI, lieutenant-colonel.

Au grade de Chevalier.

MM. LE COMTE DE BEAUMONT, lieutenant-colonel.
L'ABBÉ FAGOIS, aumônier.
DUTEILLET DE LAMOTHE, DUVAL, TUNIS, CHABROL,
chefs de bataillon.
MOREAU, HENRY, DE BRUCHARD, DESCOUTURES,
BENOIT, capitaines.
CONSTANT, CHEVALIER DU FAU, lieutenants.
MAZABREAU, sous-lieutenant.

LA MÉDAILLE MILITAIRE A ÉTÉ ACCORDÉE A

MM. HERBERT et DEVEAU, caporaux.
DESBORDES, BLONDET, MÉRIGLIER, FAUCHER, RUAUD,
RAFFIER et BLANCHET, gardes.

(1)

TABLE

—

DEUXIÈME PARTIE.

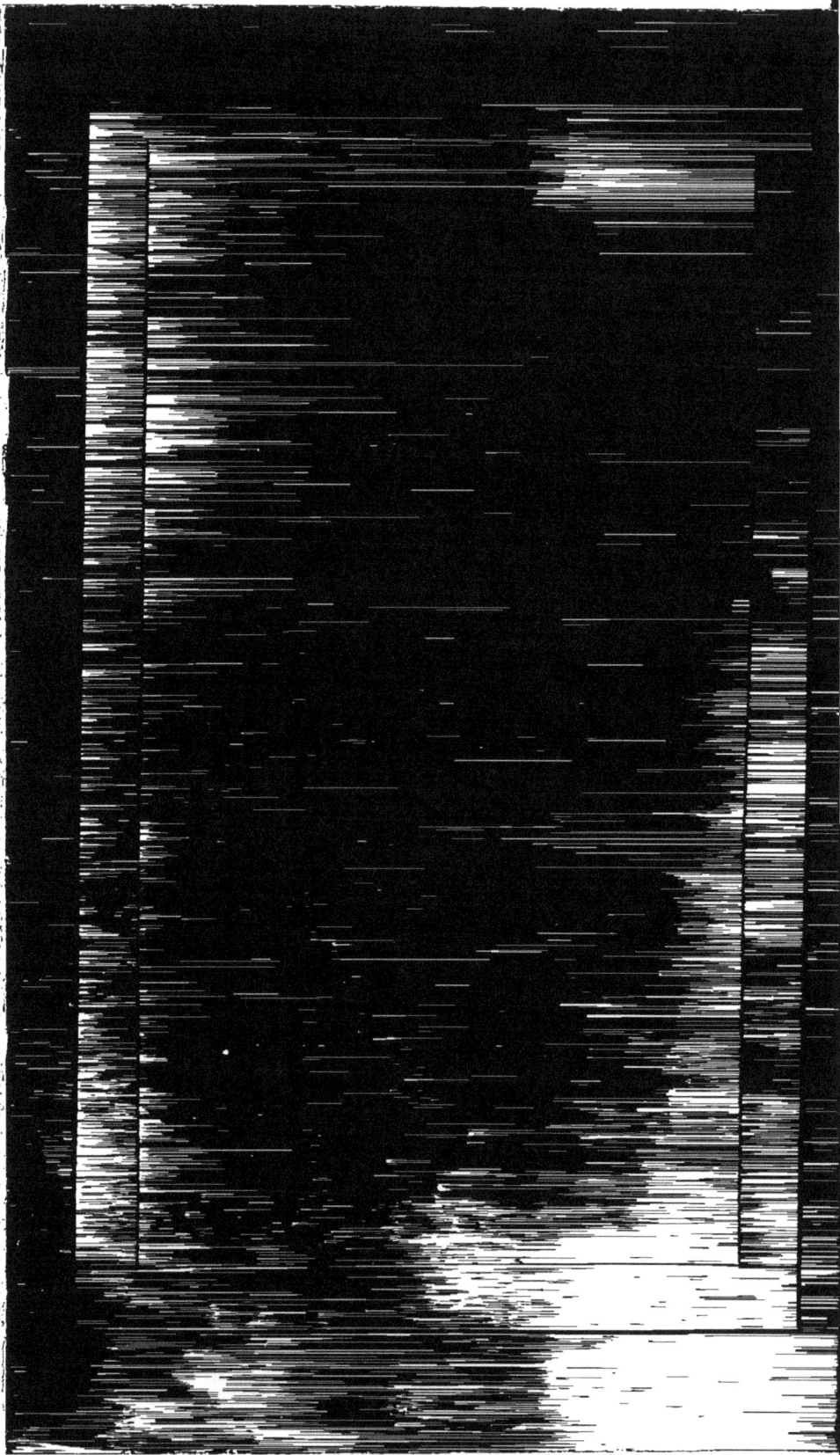

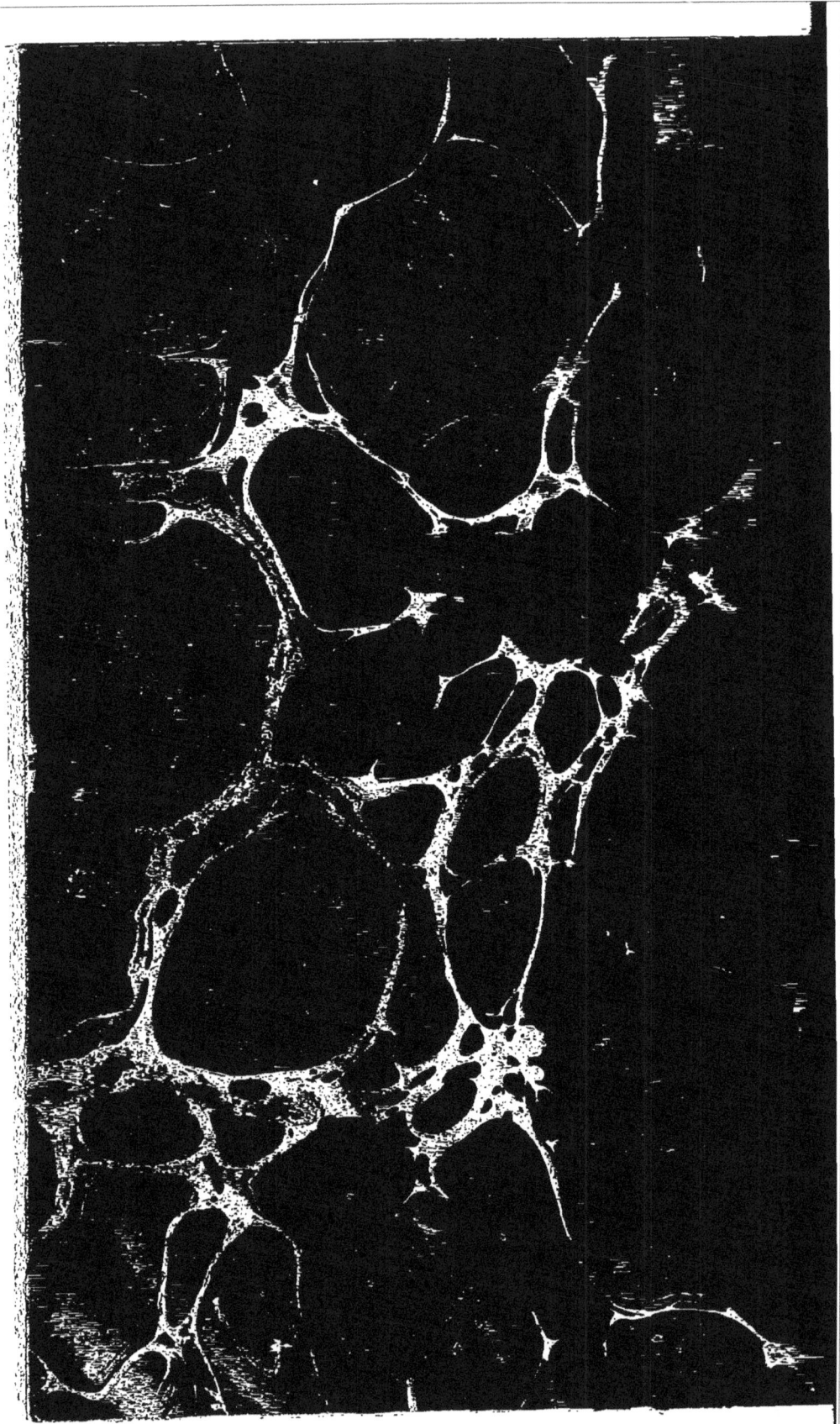